これなら稼げる!

初心者なら株のデイトレでもっとお金を増やしなさい!

増補改訂版

standards

「今日利益がほしい」を実現させ得るデイトレード

デイトレード（デイトレ）は、名前の通りその日のうちに決済をする投資法です。1日の株価の変動を読み、株価を売買することで差益を狙います。資金があれば1日で数十万などの利益を上げることができますが、少額でも1日で数万円の利益を出すことができます。また、デイトレのほかにもスイングトレードという短期の投資法があります。数日、数週間単位での値動きを予測して売買するため、会社員でも行いやすい手法です。

とはいえ、初心者が何も勉強せずに始めてしまうと、「上昇トレンドの終盤で高値掴みをしてしまった」といった失敗を起こします。お金を増やすためのデイトレで、資産が減ってしまっては意味がありません。

そこで、デイトレやスイングトレードで財を成した投資家や、銘柄の動きに詳しい識者に、初心者が実践すべきテクニックを教えてもらいました。

投資家として活躍するJACK氏、yasuji氏、ウルフ村田氏、川合一啓氏、矢口新氏、ようこりん氏、証券ア

ナリストの藤本誠之氏のテクニックに改訂を行い、DYM07さんのテクニックを加え、さらに、巻頭では銘柄提案に定評のある熊谷亮氏より、今後注目すべきイベント、銘柄を教えてもらいました。

そもそもデイトレとは何か？　どんな銘柄を買うべきか？　売買タイミングはいつか？　初心者がデイトレを始めるための基本的な知識から押さえておきたいポイント、手法や情報を得られるサイトを掲載しています。また、デイトレではときに分単位で売買の判断を行うため、冷静さを保つことが大切です。本書ではデイトレーダーが身に付けるべきメンタルの保ち方や、資産管理の考え方も解説しています。

ここ1年で日経平均株価が大きく上昇し、調整期間を経て、今後も上昇が期待されます。そうした相場でデイトレをこれから始める人にとって、本書が少しでも本書が役に立つことができれば幸いです。

『初心者なら株のデイトレでもっとお金を増やしなさい！』編集部

テクニック提供投資家，識者プロフィール

JACK [個人投資家]
サラリーマン投資家。IPO投資を中心に不動産やFX投資など手広く手がけ、2億円近くまでの資産を稼ぐ。

ブログ https://www.jack2015.com/

yasuji [個人投資家]
投資歴50年以上。中学3年生から元手5万円で株式投資を始め、1億円を達成した株式投資の達人。

ブログ https://hasehaseyasuji.fc2.net/

川合一啓 [株式会社ソーシャルインベストメント 代表]
元手200万円からトレードを開始。2017年〜2018年には年利300%超を達成。トレーダーの指導も行う。

ブログ http://traderkawai.com/

ウルフ村田（村田美夏）[株式会社サクセスワイズ 代表]
投資歴30年以上。東京大学卒業後は銀行に勤め、その後30歳から専業トレーダーへ。株式投資で年収2億円以上の利益実績がある。

矢口新 [株式会社ディーラーズ・ウェブ 代表]
為替、債券の元ディーラー。プロとしての経験を活かし、「目の前で完結するトレード」の手法を指導している。

ようこりん [個人投資家]
投資で1億5000万円の資産を築く。優待投資で知られるが、相場に応じてデイトレも行う。

ブログ https://ameblo.jp/youkorinn37/

藤本誠之 [証券アナリスト]
「まいど！」のあいさつでおなじみ、投資家に真の成長企業を紹介する証券アナリスト。銘柄探しからデイトレまで精通している。

DYM07 [個人投資家]
2001年から株式投資を始め20年以上。デイトレ、スイング、中長期を行う。デイやスイングで確保した利益は高配当銘柄に再投資していくスタイル。

熊谷亮 [株式会社クマガイサポート 代表]
短期的な上昇が期待される銘柄を予測するプロ。ヤフーファイナンス株価予想では、2012年、2013年にMVPを連続で受賞。本書では巻頭のみでの参加

HP https://www.maestro-stock.com/

※『2022年版 株の稼ぎ技 短期売買』に掲載された、V_VROOM氏、伊藤亮太氏、叶内文子氏、立野新治氏、小池麻千子氏、戸松信博氏、メガヴィン氏、テスタ氏のテクニックを再編集して掲載しています

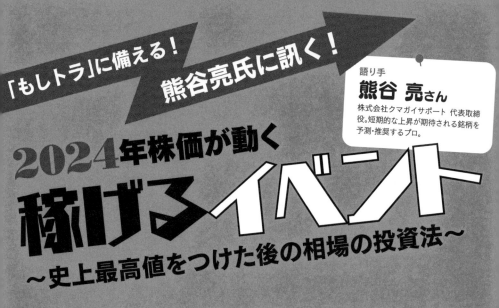

「もしトラ」に備える！ 熊谷亮氏に訊く！

語り手
熊谷 亮さん
株式会社クマガイサポート 代表取締役。短期的な上昇が期待される銘柄を予測・推奨するプロ。

2024年株価が動く
稼げるイベント
～史上最高値をつけた後の相場の投資法～

日経平均株価が2024年3月に史上最高値をつけ、4万円台に突入した。デフレを脱却し、過去最高益となった企業も多く見られ、前向きな状況の日本経済において、どのように株式を売買していけばよいのか。短期売買のプロ、熊谷亮さんに聞いた。

— Keyword —

東京メトロ

大手鉄道会社において、唯一上場していなかった東京メトロ。2024年1月に上場を目指す旨の発表がなされ、夏ごろの上場が見込まれる。相場上昇の起爆剤となる可能性も期待されている。

株式市場への資金流入が期待できるイベント

——2024年下半期から2025年上半期において株価が動くイベントや要因として、注目すべきことは何でしょうか。

最も重要なイベントは米国の大統領選挙です。現在、予備選挙が本格化してきており、2024年11月5日に投票日を迎えます。次期大統領の座に誰が就くのかを巡りさまざまな思惑が錯綜することに

なります。

まず、大統領選挙の開票日は、中長期スタンスであれば別ですが、短期的では変動が大きいので、短期スタンスであれば持ち株をゼロにしておいたほうがよいでしょう。前回、トランプ氏が大統領に就任したときは、株価がかなり上下振幅しました。動きが読みづらい部分が多いので、大統領選挙の前後は、静観して逆に相場の動きを勉強するぐらいのスタンスでよいのではないかなと思います。

2024年6月～2025年上半期に注目すべきイベント

時期	株価の変動が予想されるイベント
2024年6月	イタリアでG7首脳会議が行われる
2024年7月	**新紙幣発行**、東京都知事選挙、パリ五輪
2024年8月以降	**東京メトロが上場予定**
2024年9月	自民党総裁選挙
2024年10月	BRICS首脳会議
2024年11月	**アメリカ大統領選挙**、連邦議会議員選挙
2025年4月	大阪万博の開催

　また、トランプ大統領が就任するとなると、株価に対し、さまざまな懸念（「もしトラ」リスク）があります。「米国第一主義」から対中強硬姿勢を鮮明とした「米中貿易摩擦悪化懸念」や、「円安けん制」による日本国内の輸出関連企業（自動車を中心に）の株安懸念、円高関連銘柄への資金流入などが考えられます。

――国内のイベントについては、いかがでしょうか？

　7月の新紙幣発行が、長期間に市場へインパクトを与えるイベントになると考えています。おそらく1年から2年の期間を経て、今使っているお札が市場やATMで扱えなくなることが予想されます。そうすると、旧札を持っている人、タンス預金をしている人などは急いで新札に切り替えたり、あるいは銀行に旧札を振り込んだりしなくてはならなくなります。

　銀行に大金を振り込むと、「NISAで運用しませんか」「投資信託を買いませんか」といった営業を受けるでしょうから、タンス預金から株式市場への資金流入が期待できますね。

――個別の企業の動きで、特に注目しているものはありますか？

　まず挙げられるのは、東京地下鉄（東京メトロ）の上場です。2024年1月26日の日本経済新聞で、東京メトロが2024年夏以降に株式の上場を目指すと報じられました。政府と東京都が同社株の売却を2024年度中にも開始するとしています。市場では、「2024年3月期の同社の純利益を同業他社と比較すると、上場時の時価総額は7500億円から1兆円の評価はできるが、成長戦略を見出しにくく、下限に近づきそうだ」と指摘さ

2023年10月4日時点の日経平均株価
3万487円

価格調整が行われる

2024年4月19日時点の日経平均株価
3万6733円

今後は3万6000円台でもみ合い、次の上昇を目指すと考えられる

調整時の半値押し付近まで下落

※2024年5月1日時点

れています。

ただ一方で、「強固なキャッシュフロー創出力を背景とした高い配当利回りや株主優待などが確認できれば、上場後に株価評価尺度（バリュエーション）が拡大する余地もある」との見方もあります。

新NISAスタート後、国内での株式市場に対する注目度は増しています。正確な日程は発表されていませんが、この東京メトロの上場が起爆剤となり、株式市場にさらに大量のお金が流入するのではないかと考えています。私はこの東京メトロの上場は、かつてのNTT株上場時の熱狂の再来になるのではと期待しています。加えて、東京メトロ上場によって、ほかの鉄道関連銘柄の連動高も期待できそうです。

失敗を活かしてはじめて大きく稼ぐことができる

——日経平均株価が2024年3月に4万円台をつけて、その後も3万円台後半にあります。2024年の下半期はどのように動くと考えますか？

1万円ごとにキリのいいところを大台と呼びます。日経平均株価は、2023年10月時点では、3万2000円前後だったわけですが、4カ月半ほど経った3月22日に4万1087円まで一気に次の大台まで上昇しているので、最短でも半年、最長で1年から2年は、調整する期間が必要になります。過去にも日経平均株価は大台乗せ後は調整期間をこなしてきました。現在は4万円乗せからの調整期間です。

——調整期間とは、どのような期間でしょうか。

ここで言う「調整」とは価格の調整と、時間の調整です。

例えば、3月22日に4万1087円まで上昇しました。この場面の直近の安値が2023年10月4日の3万487円となっているため、約5カ月で約1万500円上昇して高値をつけたことになります。価格の調整は、この後ゆるやかに株価が下がってくることを指します。通常だとこの上げ幅の半分程度である5250円ほど下げて、その後、もみ合う期間、つまり時間の調整が必要と見ることができます。ちょうど4月19日に3万6733円まで下落して、半値押しは達成しませんでしたが、その付近まで下げてきました。

今後は、おそらく3万6000円台で、最長で2年ほど値動きがもみ合い、価格の調整が行われた後で、次の上昇を目指すことになるでしょう。

今の日経平均株価の値動きはバブルのときとは異なる

——急激に値段が上がったので、バブルのときのような印象を受ける人もいるかと思いますが、いかがでしょうか。

バブルのときと異なるのは、まず、マネーの量が大幅に増えていることです。リーマン・ショックで日本円の量が増えました。世界恐慌にならないように、日本円だけでなくドルやユーロもかなり増

"バブル期と比べ
株価は割安の傾向にあり
まだ上昇する"

やしました。それにより株価の大暴落を防ぐことができた形になります。その後、コロナショックがありましたが、その際も円だけでなく、ドルやユーロも供給を増やしています。これによって市場に出回ったマネーの総量はリーマン・ショックに比べて10倍程度増えています。つまり、お金の価値が10分の1に減っているといった見方ができます。したがって、アメリカのナスダックやニューヨークダウも暴騰していきました。ただ、日経平均株価というのは、ナスダックやニューヨークダウよりも動きは遅く、今ようやく上昇を始めています。

指標の面でも、バブル期とは異なりますね。例えば、日経平均株価のPERやPBRを見ると、バブル期のときの割高水準とは著しく異なっています。平均値はPERが15倍前後、PBRが1倍前後で、一方、バブル期にはPERが60倍、PBRが5.6倍となっていました。かなりの割高基準を経て、ようやく平均値にまで戻

したという状況になっています。

——マイナス金利を解除され、デフレ脱却までのメドもつきました。

おそらく今後20～30年はインフレが続く見通しです。エコノミストのエミン・ユルマズ氏の見解では、日本はインフレとデフレがほぼ40年周期で訪れています。

株価の調整期間も40年周期で訪れており、インフレ時には株価が大幅に上昇する可能性があります。近年になり、ようやくインフレに突入したので、今後は少なくとも20年、長く見て30年は上昇すると予想されます。

とは言え、その間に、大きな上げ下げはあるでしょう。日経平均株価は1年に2、3回の暴落局面や、あるいは上昇時の反発局面などがあります。そういった上げ下げを経て、上昇相場が形成されると思います。

インフレ時代に突入してから長期的には、日経平均株価は10万円、15万円、20万円などとまだまだ大きく上昇していくことが予想されています。ただ、その間に調整・休憩時間を交えているため、すぐに上昇し、そのままで安定することはほぼありません。そのことは念頭に入れておく必要があります。

調整期間では、買った株が下がること

もあります。だからといって、「下がったから売ってしまおう」と短絡的に判断をしてしまうと、損失ばかりが増えてしまいます。下がっていても必ず底をつき、上昇する局面は訪れます。損失を重ね、市場から退場してしまわないように、しっかりと勉強することが必要です。

——ほかにはなにかありますでしょうか。

大幅高の後には調整（下落）が待っている可能性があるので、市場の流れのままに売買をしないよう心がける必要があります。また、人気株ほど上昇しますが一巡後の相場は下落幅も大きくなることもあるので、そうした株の売買も控えましょう。

株価は、割高なのか、割安なのかはしっかりと判断する必要があります。株価指標を用いて、物事を単純化し、一歩引いた視点から市場を見ることを心掛けるとよいです。そして、なるべく安いものを機械的に買っていく。高いものには手を出さないという選択がよいでしょう。

——多くの日本人、特に40代以下の人たちにとっては、経験したことのない相場が始まるように思います。留意しておくことを教えてください。

まず、経済学者や評論家の意見を鵜呑みにしないことです。実際にトレードで資産を築いた個人投資家の本やSNSな

投資スタンスごとのおすすめ売買方針

短期投資
値動きのよい銘柄を過去の株価を参考に運用する

中期投資
日経平均株価の値動きを参考に運用する

長期投資
株式指標を参考に複数銘柄を運用する

始める前に投資スタンスを決めましょう！

どを読んで、日々情報を取り入れ、それをもとにして自分でも考えてみることが大切です。

その際は、身元が鮮明でなく、実績が不明な発信をしているSNSなどに振り回されないよう、ネットリテラシーを高く保つ必要があります。

決算発表シーズンは材料を分析して今後を予想する

──2024年下半期にとるべき売買方針を教えてください。

まず、自身の投資スタンスが「短期投資」なのか、「中期投資」なのか、「長期投資」なのかを決めましょう。

「短期投資」であれば、値動きのよい銘柄をテクニカル重視で見ていく売買手法がよいです。

「中期投資」であれば、日経平均株価がズルズルと下落した場面で、プライム市場銘柄から特に下落率の大きい銘柄を買い、その後の日経平均株価の回復を待ち売却する手法もおすすめです。

そして、「長期投資」であれば、株式指標（財務内容、PER・PBRなど）などから、複数の割安銘柄を業種から、ドルコスト平均法のように、コツコツ買い続けていくスタンスがよいでしょう。

決算発表シーズンでは、好決算発表銘柄に資金が集中します。3月期決算の企業であれば、第1四半期の決算発表が「7月下旬から8月中旬」、第2四半期が「10月下旬から11月中旬」に行われます。

3月決算の企業の本決算が出揃うのが、5月のゴールデンウィーク明けから15日前後までです。そのとき、来季の数字予想がほぼほぼ出揃います。

数字を出した企業の銘柄に関しては、比較的暴騰することが予想されます。一方で、悪化した銘柄に関しては下落すると思います。基本的に中期投資、長期投資で見るのであれば、今回の業績が悪くても、来期がV字回復、あるいは業績回復するような銘柄予想銘柄を買うほうがよいでしょう。

過去最高益企業に手を出すのもよいのですが、来期には減益になったり、市場環境の悪化の影響を受けたりしてしまうことも考えられます。

——具体的にはどういう影響でしょうか。

例えば、円安によって過去最高益が後押しされている企業は、「もしトラ」などで円高になってしまった場合に、かなりの勢いで減益となる恐れがあります。株価は円高になるリスクを織り込み変動します。すると、為替の動向によって株価がかなり変動する可能性もあるので、最高益という文言には惑わされずに、今後の期待値を冷静に見ましょう。最高益であればその背景をしっかり確認することと、それが来期も続く状況なのかというところまで確認することが大切です。

決算発表シーズンではストップ高銘柄など、派手な動きがあった銘柄に注目が集まりますが、同様に、その背景を調べましょう。

——今後の全体的な株式市場の値動きとして、11月の米国大統領選挙前までは、堅調に推移すると考えられます。

日経平均株価が堅調に推移する場面では、プライム市場の銘柄が買われやすく、グロース市場は資金が入りにくい傾向にあります。

投資初心者はグロース銘柄には手を出さないほうが無難でしょう。

今後はインフラ投資の拡大が見込まれる

——今年に入り、多くの銘柄が株価を上げるなかで、今後期待できる銘柄を探すには、どのような点に着目すべきでしょうか。

国内外のインフラ投資に注目するのがよいと思います。米中貿易摩擦や為替市場での円安進行から、サプライチェーン再構築の動きが加速しています。国が主導することで国内での半導体製造拠点強化の動きが進展しており、熊本県には台湾の世界最大手半導体受託製造企業であるTSMCが進出しています。また、同様に半導体産業であるラピダスは、北海道千歳市に総投資額5兆円規模の工場建設を計画しており、超巨大開発から周辺経済の活性化が期待されています。

ほかにも、国内では、送配電網整備や老朽化インフラ更新などの国土強靱化投資、海外では、中国からの生産拠点移転などグローバルサウスでの投資拡大やウクライナ復興などインフラ投資の拡大が

"プライム市場に資金が
流入しやすい。
グロース銘柄は静観が無難"

インフラ投資で注目すべきポイント

米中貿易摩擦、為替市場での円安進行

サプライチェーン再構築の動きが加速

日本政府が国内の半導体製造拠点強化を主導

熊本に世界最大手半導体受託製造企業のTSMCが進出

中国から生産拠点を移転する企業が増加、ウクライナ復興

海外でもインフラ投資が拡大する見込み

円高メリット銘柄の例

穀物など食糧輸入のコストが抑えられる企業

石油、液化天然ガスなど原材料価格のコストが抑えられる企業

海外旅行者増による収益向上が期待される旅行会社、航空会社

見込まれています。

　半導体などのハイテク、自動車、情報通信、商社、銀行、機械セクターなどは株価が高い傾向にあります。今後は、化学、小売、医薬品、陸運、精密機器、サービス、不動産、電気、そのほか金融セクターなどが狙い目だと思います。

　また、為替市場で円安基調が続いてきたため、今後は円キャリー取引の巻き戻しなどから、円高方向への動きが予想されます。「円高関連銘柄」や「円高メリット銘柄」をマークしておくとよいでしょう。

　これらの銘柄は今後値上がりが期待されるわけですが、上昇トレンドに合わせてトレードを行ったり、好決算や業績予想の大幅な上方修正によるさらなる上昇を狙うとよいでしょう。

短期で狙う銘柄 ベスト8！

銘柄選びならお任せ！

特選！デイトレ
推奨銘柄
Collection

期待の銘柄をスペシャリストが提案！

デイトレーダーとして、急騰する可能性がある銘柄は見逃したくないもの。そこで、2024年下半期から2025年上半期にかけて起こるニュースやイベントに関連し、株価が上がる可能性のある銘柄8選を、デイトレの精通者・熊谷 亮さんが紹介します。

**銘柄提案の
プロフェッショナル**

株式会社クマガイサポート
代表取締役
熊谷亮さん

短期的な上昇が期待される
銘柄を予測・推奨するプロ。
ヤフーファイナンス株価予
想では、2012年、2013年
にMVPを連続で受賞

DATAの読み方

銘柄ごとに4つのDATAを掲載！　数字の読み方をマスターして銘柄を選ぼう

PER	PBR	EPS	BPS
割安さを測る株価指数。株価をEPSで割ったもの。一般的に、15倍より低ければ割安とされている	資産価値が割安か割高かを示す指数。株価をBPSで割ったもの。1倍で株価と資産が同水準とされる	1株あたり純利益。純利益を発行済株式数で割ったもの。金額が多いほど稼ぐ力があるとされている	1株あたり純資産。純資産を発行済株式数で割ったもの。数値が大きいほど安定性が高いとされている

※2024年5月9日時点の情報をもとに銘柄情報を掲載。チャートはすべて日足、PERは連結決算の数値を掲載。各識者の意見にもとづいた予想をまとめています。株価が上がることを保証したものではありません

東証プライム／証券・商品先物取引

野村HD（8604）

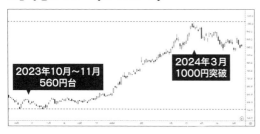

2023年10月～11月
560円台

2024年3月
1000円突破

DATA	
株 価	879.5円
時価総額	2兆8060億円
PER 15.76倍	EPS 54.97円
PBR 0.78倍	BPS 1127.72円

個人向け投資商品の販売で収入増

金融サービスを世界に展開する証券グループの国内最大手。野村證券や野村信託銀行、野村アセットマネジメントなどを傘下に持っている。2024年4月に発表した同年3月期の連結決算では、営業収益が4兆1572億円、純利益が1658億円となった。日本株相場が上昇したことにより、個人向けの営業で金融商品の販売による収入が5割増えたことが起因している。2025年3月期の予想営業収益は5兆円としている。

熊谷亮はこう読む！

新円発行により、タンス預金の旧札を口座に預ける人が増えるでしょう。その際、投資をするなら野村證券のような老舗が選ばれる可能性が高く、株価が上昇していくと予想します

東証プライム／証券・商品先物取引

ジャパンインベストメントアドバイザー（7172）

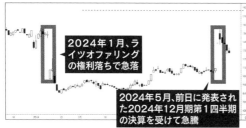

2024年1月、ライツオファリングの権利落ちで急落

2024年5月、前日に発表された2024年12月期第1四半期の決算を受けて急騰

DATA	
株 価	1303円
時価総額	795億円
PER 18.31倍	EPS 39円
PBR 1.26倍	BPS 71円

節税効果の高い商品を提供する

航空機のオペレーティングリースを主力とする金融企業。ほか、不動産や未公開会社に投資するプライベートエクイティなどを展開している。儲けた企業の節税効果として利用される商品を提供していることから、ニーズは落ちにくい。2024年1月はライツ・オファリングの権利落ちによって大きく下げたが、同年5月現在は権利落ち前の水準近くまで戻している。また、優待利回りが6％超で既存投資家たちからの人気は底堅い。

熊谷亮はこう読む！

富裕層の悩みは「税金」。繰延資産計上税金が少なくなる、または税金を先延ばしするような金融商品を提供しているという意味で人気が上がる可能性があります

ライツ・オファリング ▶ 株式発行会社が、既存の株主に対して新株予約権を無償で割り当てる増資手法のこと。株主は、権利行使や売買を選択できる。「新株予約権無償割当」ともいう。

ニップン (2001)

堅調に推移

DATA	
株価	2410円
時価総額	1899億円
PER 7.67倍	EPS 131.6円
PBR 0.89倍	BPS 314.2円

円高で原料仕入れコスト減

1896年に設立した業界2位の製粉メーカー。円安基調が続いてきたが、円キャリー巻き戻しなどから今後は円高への転換が予想される。日本で消費されている小麦粉の約9割は輸入によるもので、円高は原料コストを抑える好材料となる。加工食品や冷凍食品などの食品事業も手がけている。2023年8月に発表した2023年3月期第1四半期が好業績だったことにより、株価が発表日の1866円から翌取引日に2010円まで上昇。

熊谷亮はこう読む！

円高に転換すれば、原材料の仕入れコスト削減が可能になり、さらなる増益を見込むことができるでしょう。それに乗じて株価も上がる期待が持てます

ニッスイ (1332)

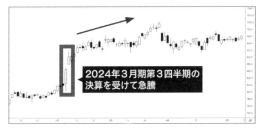

2024年3月期第3四半期の決算を受けて急騰

DATA	
株価	954円
時価総額	2980億円
PER 12.63倍	EPS 68.23円
PBR 1.2倍	BPS 75.52円

決算で増収増益になれば狙い目

水産事業と食品事業がメインの大手食品メーカー。材料費などの価格高騰に見舞われているが、値上げや生産効率向上、さらには医薬原料の海外販売も寄与して2024年3月期は増収増益となった。決算発表で株価が大きく影響を受ける傾向が強いため、減益となった際には注意が必要だ。ニップン(2001)と関連して、円高になれば輸入材料のコスト削減にもつながるため、さらなる増収増益と株価の成長も期待できる。

熊谷亮はこう読む！

「もしトラ」で円高が進めば、円高関連銘柄に資金が集まることも考えられます。米総選挙の2週間前くらいに日経平均株価が3日下落したら、反発を狙うのがベストです

もしトラ ▶ 2024年11月に行われる米国大統領選挙において、ドナルド・トランプ前大統領が再選するかもしれないという懸念を示す言葉

日本電信電話 (9432)

190円台

160円台

	DATA	
株 価	168円	
時価総額	15兆2124億円	
PER	11.38倍	EPS 14.27円
PBR	1.53倍	BPS 14.76円

インフラ整備で人気が期待できる銘柄

国内最大の通信会社。ドコモやNTT東日本・NTT西日本などの子会社を持つ。送配電網整備、老朽化したインフラ設備の更新などさまざまな理由からインフラ投資の拡大が見込まれる。NTTも災害・パンデミック、環境、人権、セキュリティなどの問題へ適切な対応を行うために、「サプライチェーンサステナビリティ推進ガイドライン」発表。次世代へつなぐためのインフラ拡大のニーズが後を絶たないだろう。

熊谷亮はこう読む！

野村HD（8604）と関連して、タンス預金を持っている高齢者の多くはNTTドコモ上場以来の熱狂的な上昇を知っています。そのため、再び狙われる可能性も大いに考えられます

ユアテック (1934)

堅調に推移

	DATA	
株 価	1502円	
時価総額	1084億円	
PER	13.13倍	EPS 104.83円
PBR	0.76倍	BPS 114.43円

割安でキャッシュリッチな銘柄

東北電力系の電気設備工事会社。売上の4割が東北電力ネットワーク向けで、施設の電気・空調設備の建設などを行う。業績は堅調、PERが13倍、PBRが0.7倍、予想配当利回り3％は超と割安で放置されている。さらに有利子負債が極めて少なく、現預金で339億円持っているキャッシュリッチな会社。今後も業績拡大が続くことが期待でき、配当利回りも高くなると予想。注目されれば一気に上がることも考えられる。

熊谷亮はこう読む！

電力関連のインフラ銘柄としてはマイナーですが、割安で有利子負債が少ないキャッシュリッチな銘柄です。業績拡大も続いているため、今後大きく上がる可能性があります

有利子負債	▶	企業が利子をつけて返済しなければならない負債のこと。銀行からの借入金や社債などが該当する。有利子負債が多すぎると、企業経営の健全性が低いといえる

日本車輌製造 (7102)

2590円台

1950円台

DATA	
株価	**2346円**
時価総額	**344億円**

PER	**6.29倍**	EPS	**372.87円**
PBR	**0.54倍**	BPS	**4312.11円**

台湾高速鉄道案件を受注した銘柄

鉄道向け車両製造の大手。親会社がJR東海で、同会社向けの売上が5割を占めている。2024年1月末までに、同社が製造した鉄道車両の次世代の台車「NS台車」の累計製造台数が1000台を超えた。また同年4月には、台湾向けの新型高速鉄道車両を受注したことを発表。2026年から日立を通じて台湾へ納入予定となっている。株価は2300円前後を推移しており、PERが6倍、PBRが0.5倍と割安となっている。

熊谷亮はこう読む！

2024年夏以降に東京メトロが上場予定で、関連銘柄として注目している銘柄です。株価が倍になることも考えられるくらい、かなり割安で放置されているため、暴騰も考えられます

近畿車輌 (7122)

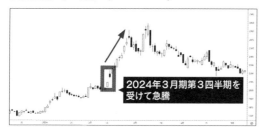

2024年3月期第3四半期を受けて急騰

DATA	
株価	**2233円**
時価総額	**154億円**

PER	**5.48倍**	EPS	**171.92円**
PBR	**0.48倍**	BPS	**406.92円**

大幅上方修正で一気に上げた銘柄

近鉄グループの鉄道向け車両製造をメインとする企業。2024年2月13日の大引け後に発表した2024年3月期第3四半期では、累計の連結経常利益は38.3億円と大幅上方修正。前年同期と比較して前年同期比83.3％増に拡大したことを受け、発表日の終値2092円から翌日は2154円まで上昇した。2024年5月時点で株価は2200円台を推移しており、PER5倍、PBR0.5倍と割安。成長に期待できる。

熊谷亮はこう読む！

こちらも東京メトロ関連銘柄。割安で業績もよいですし、小型株ほど暴騰しやすい傾向にあります。暴騰を狙ってチェックしておいて損はない銘柄です

台湾高速鉄道 ▶ 台湾・台湾高鐵が運営する高速鉄道のこと。日本の新幹線システムを導入して2007年に開業した。台北市南港区と高雄市左営区を結んでいる

本書の使い方

　掲載テクニックは章ごとに「基本」と「応用」に分かれており、執筆いただいたトレーダー・アナリストの名前を掲載しています。記載がないものは『2022年版 株の稼ぎ技 短期売買』に掲載された、V_VROOM氏、伊藤亮太氏、叶内文子氏、立野新治氏、小池麻千子氏、戸松信博氏、メガヴィン氏、テスタ氏などの提供による現在でも有用なテクニックを、データを更新して再編集しました。ページ下部の欄外では、用語の解説を行っています。また、時折アイコンを掲載しており、有用なテクニックではありつつも損失リスクがあるものは「リスク大」としています。

基本／応用
一般的に使われているセオリーを基本ワザ、基本ネタから
ステップアップしたテクニックを応用ワザとしています

執筆者名

アイコン

⚠️ リスク大
有用ではあるが損失
を追う可能性がある
テクニック

用語解説

巻末特典！ 投資家の取引手法を解説！

contents

はじめに   2

巻頭 「もしトラ」に備える！ 熊谷亮氏に訊く！
2024年株価が動く稼げるイベント   4

巻頭 特選！ デイトレ推奨銘柄   12

本書の使い方   17

Section1. デイトレードの基本

001	売買の判断はローソク足の値動きを把握することから	26
002	いかに「環境」を考えず技術的にデイトレできるかが大事	27
003	デイトレで買った銘柄はその日に必ず決済する	27
004	スイングで保有する理由を明確にする	28
005	時間帯によって値動きの方向が見える銘柄がある	29
006	朝一で売られた銘柄は日中ヨコヨコのときに買う	30
007	10時半以降は持ち越す銘柄の選定時間にあてる	31
008	夜間取引は保有株があれば売りに徹する	31
009	金曜日は手仕舞いする人が多く株価が下がりやすい	32
010	デイトレでは細かく利確することが重要	33
011	指値で売れなかったら成売も検討する	34
012	逆指値注文を利用してリスクを軽減する	35
013	OCO注文なら相場がどちらに動いても対応できる	36
014	ボックス相場時に利用しやすいIFD注文	37
015	相場は順張りで参加すると苦しみが少ない	38
016	順張りの人は逆張りを真似ても悪い結果になりやすい	39
017	ナンピンを想定して打診買いする	40
018	相場の参加者が多い銘柄をひとつでも多く探す	41
019	大口投資家の仕掛けが重いか・軽いかを考える	42
020	現物取引は1日のうち同じ銘柄で何度も取引できない	43
021	「一般信用制度」を使うと空売りできる銘柄の幅が広がる	44
022	2単元以上購入できる銘柄を投資対象にする	45
023	ネット証券の一日信用取引を利用する	45
024	後場が終わるまでに決済してオーバーナイトリスクを避ける	46
025	前日の取引終了後の情報次第で流れが変わる	47
026	値動きが大きく動く時間帯を狙って取引を行う	48
027	大引け前の値動きを分析して翌日の戦略を立てる	49

028	市場の閉場前は売買が活発になる	50
029	金曜日までに保有株を売却して持ち越しリスクを避ける	51
030	ストップ高・ストップ安の理由から値動きを予測する	52

Section2. 注文板・歩み値

031	注文板を読んで売り買いの勢いを把握する	54
032	気配値が飛んでいる銘柄は流動性が低いため避ける	55
033	「株価は板が厚いほうに動く」はいつでも使えるわけではない	55
034	大口投資家の「蓋」を確認する	56
035	大口投資家のTWAP注文から相場の方向性を見る	56
036	同じ価格に注文が何度も出るのは大口投資家が動いている	57
037	約定する気のない注文を出したら違法	58
038	フル板で板寄せ価格を確認し寄り値で注文するか判断する	59
039	歩み値で大口投資家が参加しているかがわかる	60
040	売り注文が厚くても株価が下がらないときの戦略	61
041	歩み値を使ったスキャルピング	62
042	歩み値を使って売買の強弱を判断する	63
043	即金規制時はリバウンドを狙ってエントリーポイントを探す	64

Section3. 銘柄選択

044	週末はリスク回避のため株価が下がりやすい	66
045	値上がり率ランキングを寄付後に確認する	67
046	大引け後・寄付前は適時開示ランキングを確認	68
047	3つのランキングでトレンドの初動と継続を確認する	69
048	前日に好材料が出た銘柄が翌日寄り天なら売り	70
049	株探の「株価注意報」で勢いのある銘柄を探す	71
050	原油高騰時は原油ETFに投資する	72
051	ストップ高銘柄に乗るためのリストをつくる	73
052	3月・9月以外の決算銘柄で上昇する銘柄を探す	74
053	米国株の売買をするならSNSからも情報を集める	75
054	株主優待を新設する銘柄は業界とIRで判断する	76
055	好決算を折り込んだ銘柄に投資する	77
056	大株主が入れ替わった銘柄は必ずチェックする	78
057	アクティビストが注目する銘柄は買い	79
058	権利日に向け2〜3カ月前から先回りしておく	80

059	買収防止のために出される「特配」はボーナス	81
060	優待先回り投資は分散してトータルで勝つ	82
061	権利落ち日は無配当銘柄に投資妙味がある	83
062	周年記念の銘柄を先回りして買う	84
063	記念優待銘柄で貸株を行うと自動優待取得が働かない恐れあり	85
064	値がさ株を単元未満で買い株式分割後の上昇を狙う	85
065	決算までの進捗率を見て上方修正の瞬間を狙う	86
066	国内の中堅証券会社のレーティングに注目する	87
067	高配当株は配当4年分の含み益が出たら利確	88
068	コンサル事業者の投資するIPO銘柄に注目する	89
069	直近IPOで公募割れ銘柄にはお宝が隠れている	90
070	IPO銘柄に応募して公開時に売る	91
071	上場後2カ月〜半年のIPO銘柄を狙う	92
072	公募増資の受け渡し日は後場まで待つ	93
073	TOBは事前の予測が難しいため「噂の程度」に注目	94
074	市場変更銘柄や新規上場銘柄は株価が上昇しやすい	95
075	信用買い残の多い銘柄は買いを控える	96
076	小型株の空売りはリスクが大きい	97
077	株価を戻しやすい信用銘柄でデイトレ	98
078	売りから入る銘柄は信用倍率とデッドクロスで判断する	99
079	テーマ株ランキングの推移に注目して「次の旬」を探る	100
080	米国の金利上昇時は連動する銘柄に注意	101
081	バリュー株の黒字転換予想は仕込みのチャンス	102
082	投資家の勘違いで下がった銘柄を買う	103
083	先回り投資は優待だけではなくREITでも有効	104
084	要注目！ インフラファンドは高配当	105
085	出来高を分析することで注目の銘柄を見つけ出す	106

Section4. チャート・テクニカル

086	グランビルの法則で買いパターンを見つける	108
087	グランビルの法則で売りパターンを見つける	110
088	高値と安値を注目することがデイトレの基本	112
089	複数のローソク足でひとつのはらみ線と見ることができる	114
090	動きがわかりづらいなら上位足を見て判断する	115
091	寄り天銘柄の売り圧力を利用して空売り	116
092	寄付後に一気に下げた銘柄は買いのチャンス	117

093	場中に好材料が出て上昇したら押し目を狙う	118
094	ストップ高銘柄の強弱を見極める	119
095	引け前の下落銘柄は買いのチャンス	120
096	下落からのリバウンド狙いは状況を見て行う	121
097	地合いによってポジション調整を行う	122
098	チャネルラインはエントリーと手仕舞いに有効	123
099	チャネルブレイクアウトは大陽線を確認する	124
100	底値圏での出来高増加と太陽線の出現は重要なサイン	125
101	下落相場では逆張りで反発を狙う	126
102	買い目線ではレジスタンスラインを意識	126
103	前日高値のブレイクアウトで大きな利益を狙う	127
104	「ずっと持ってもいい銘柄」でデイトレをする	128
105	トレンドと逆方向の大陽線・大陰線に注目	129
106	下ヒゲを付けて上昇していると買いのチャンス	130
107	急騰で上ヒゲが付いた銘柄は様子見が無難	131
108	上下のヒゲがない大陽線と大陰線はさらに勢いが強い	132
109	下影陽線は相場の底で出現すれば上昇への転換サイン	133
110	窓開け後に窓埋めが発生するタイミングを狙う	134
111	持ち越しでGUを狙い利確する	135
112	GU後は前日高値を維持できるかに注目する	136
113	前日に強かった銘柄のGDは狙い目	137
114	Wボトムは強い上昇のサイン	138
115	ヘッド&ショルダーズ・トップで相場の反転を判断する	139
116	大きな株価上昇が見込めるカップ・ウィズ・ハンドル	140
117	ダマシを利用した「タートル・スープ」手法	141
118	酒田五法を使ってトレンドのサインを分析する	142
119	直近の損益状況を5SMAで確認する	144
120	移動平均線を使ってトレンドの転換を見極める	145
121	2本の移動平均線でトレンドの変化を察知する	146
122	短期的な値動きと同時に長期的な方向性を把握する	147
123	大きな山ができた後はデッドクロスで売りを入れる	148
124	トレンド中の出来高急増は転換のサイン	149
125	価格帯別出来高を利用して利ざやを獲得する	150
126	ボリンジャーバンドは広がり&+2σで順張り	151
127	「三役好転」は強い買いシグナル	152
128	一目均衡表での遅行スパンの活用法	153
129	ストキャスティクスは利確の目安として使う	154

130 RSIは逆張り指標だけではなく順張り指標としても使える　155

131 ２本線のRCIで相場の転換点を探り長くトレンドに乗る　156

132 短期の押し目買いの基準に２本線のRCIを使う　157

133 オシレーター系の指標は「切り返し」を確認すべき　158

134 MACDを使っていち早くトレンドを確認　159

135 ADXが30以上で上昇トレンド持続の程度を把握する　160

136 底値探知法で割安な株を購入する　161

137 下げ相場で儲けるトルネード１％急降下砲　162

138 急騰銘柄傍受システムで上昇する銘柄を探す　163

139 長短のHVのくせを活用し大きなリターンを得る　164

140 VWAPは支持線や抵抗線として見る　165

141 使い慣れたテクニカル指標でデイトレの判断を　166

142 多くの人が見る指標は信頼度が高い　167

143 チャートの時間軸を同期させ３つの時間帯を見比べる　168

144 米国株の値動きを見て売買方針を決める　169

145 楽観と悲観が共存するなかでの大幅上昇は売り　170

146 相場のサイクルがわかるスクリーニングがある　171

147 価格帯別出来高を活用すれば利ざやを獲得しやすくなる　172

148 キリのよい株価や節目の価格は投資家から注目される　173

149 デイトレやスキャルピングでも長期トレンドを把握しておく　174

Section5. ファンダメンタルズ

150 不祥事が起きてもその内容を見極めることが大事　176

151 時事関連の突発的な上昇は２〜３週間で終わる　177

152 選挙の公約に関連する銘柄を狙う　177

153 社会情勢が悪化すると商品指数が上昇する　178

154 月次売上高に反応する銘柄のくせを見る　179

155 四季報は発売日前日に手に入れて翌朝を狙う　179

156 四季報の情報はSNS検索で時間短縮　180

157 業績予想のくせでポジションを調整する　180

158 決算進捗の確認はツールを活用する　181

159 利益余剰金＞有利子負債の銘柄で売買する　182

160 評価される小型株の８割は思惑で沈む　183

161 PBR１倍割れから株価が伸びる会社を狙う　184

162 日経新聞の観測記事は値動きの材料になる　185

163 成長分野に投資する銘柄の増資発表は上昇要因　186

164	無名な指標でも相場に影響を与えることがある	187
165	FOMCで利上げ意向が表明されると下落する	188
166	金融引き締め時の変化を捉える	189
167	日経平均プロフィルを活用して相場理解をする	189
168	日経平均株価のPERが11〜12倍なら大チャンス	190
169	TOPIX型の株価に合わせた日銀の動きを見る	191
170	店頭証券の口座を1社は開いておく	192
171	セミナー中でもリアルタイムで売買する	192
172	ラジオで銘柄情報を手に入れてアーカイブ動画もチェック	193
173	短波放送が受信可能なラジオで超先回り買い	194
174	注目度を見たいときは掲示板の投稿数を確認	194
175	優待が人気の銘柄はブログやSNSをチェック	195
176	日本証券新聞は株主優待で無料になる	196
177	「株式新聞Web」はDMM株口座で無料になる	196
178	前日の日経平均株価から株式市場全体の地合いを把握する	197
179	ADRで日経平均株価の地合いを予測する	198

Section6. 制度

180	新NISAの成長投資枠を効果的に活用する	200
181	大手系列の証券会社を使ってIPOの当選確率を高める	202
182	初回口座開設でIPOの当選確率が上がる	203
183	IPOチャレンジポイントは家族口座を活用する	204
184	証券マンと関係を構築してIPO・POの当選確率を上げる	204
185	短期でも長期株主優待を効率よく受ける方法	205
186	1年に複数ある確定日にクロス取引する	206
187	複数の証券会社を利用して手数料を無料にする	207
188	一般信用では逆日歩という手数料がかからない	208
189	制度信用でも逆日歩がかからないことがある	208
190	IPOは補欠当選時の購入申し込みを忘れない	209
191	「立会外分売」は割引購入のチャンス	210

Section7. 資産管理・メンタル

192	デイトレの口座と中長期投資の口座は分ける	212
193	相場を生き残るための3つのルール	212
194	納得できる打診買いの量を試しながら探す	213

195	ピラミッティングで利益の嵩上げと強さをはかる	214
196	大荒れした翌月初は株価下落に注意	215
197	ロットは資産ステージごとに定額で管理する	215
198	地合いが悪いときの参加はスイングとヘッジをセットにする	216
199	ひとつの銘柄に入れ込まないよう1銘柄の保有上限を決める	217
200	投入資金を分割し複数回に分けて買っていく	217
201	ひとつの銘柄に最大で資産の3分の1以上投資しない	218
202	取れなかった利益より取れた利益に着目	218
203	後場から入る場合のデイトレのリスク	219
204	枚数コントロールを細かく繰り返せば損小利大になる	220
205	1日の損失限度額を比例で決める	221
206	1回の取引における損失限度額を決める	222
207	決めた売買ルールは順守するその場の心情に流されない	223
208	事前にトレードのシナリオを準備しておく	224
209	デイトレでは思惑がずれたらムリせず離れる	225
210	売買の参考にする情報は投資手法に合わせる	225
211	勝っている投資家の思考をトレースする	226
212	儲かっても同じやり方に固執しない	226
213	取引記録を付けてトレードを振り返る	227
214	自分の買値を気にせず今の株価に集中する	228
215	含み益の持ち越しでメンタルを調整	229
216	おすすめされた銘柄は安易に買わない	230
217	新しい手法は3〜6カ月継続して使用する	230
218	自分が有利なタイミングを見計らってトレードを行う	231
219	相場に残って「誰でも儲かる相場」を待つ	231
220	短期売買は長期売買より不確定要素が少ない	232
221	「買った後に株価が下がる」の状態を事前に防ぐ	232
222	相場は順張りで参加すると苦しみが少ない	233
223	売った株は監視銘柄から外す	233

需給で判断する売買ワザ
DYM07氏の需給判断手法 　　　　　　　　　　234

【免責】
株式投資はリスクを伴います。本書で解説している内容は、個人投資家やアナリストの方々が使う手法・知識をテクニックとして収録したものですが、投資において絶対はありません。製作、販売、および著者は投資の結果によるその正確性、完全性に関する責任を負いません。実際の投資はご自身の責任でご判断ください。本書は2024年5月時点の情勢を元に執筆しています。

デイトレードの基本

デイトレードには、中長期投資にはない
「短期間で稼ぐ」という強みがある。
時間帯別の戦略、デイトレードに向いた銘柄の見つけ方、
信用取引の仕組みなどを知って"稼げる"トレーダーを目指そう。

売買の判断はローソク足の値動きを把握することから

矢口新

複数の情報を視覚的に伝えるローソク足

1本のローソク足には「4本値と陰陽線」という多くの情報がつまっている。

4本値とは、始値（寄値）、高値、安値、終値のこと。始値が終値より安いと（価格が上あると）実体が白い陽線として描かれ、反対だと（価格が下がると）実体が黒い陰線で描かれる※。

そして、高値、安値が始値、終値からはみ出ると、それぞれ上ヒゲ、下ヒゲとして描かれる。

図を見てもらえるとわかるが、1本のローソク足を見るだけで、その期間内の値動きが判断できるのだ。

さらに、複数のローソク足を見る際は、「高値が切り下げている」「安値が切り上げている」などの動きが理解できると、デイトレでの売買タイミングの判断の助けになる（テクニック088、099参照）。

ローソク足からわかる4つの価格と推移

陽線の場合

高値

終値

ローソク足の高値が連続して切り上がっている＝株価に勢いがある

始値

安値

※ローソク足の色はツールによって「赤色（陽線）と青色（陰線）」などの組み合わせで表される場合もある

いかに「環境」を考えず技術的に デイトレできるかが大事

矢口新

■「目の前で完結する取引」は 環境のリスクが排除できる

仮に相場が必ず右肩上がりを継続するなら「中長期投資を行えば利益を増やせる」と断言できる。とはいえ、現実的に株価が右肩上がりになるには、「人口の増加」「経済の成長」「マネーの増加」といった前提が必要だ。しかし、2021年末まで右肩上がりだった米国株は、2022年以降の金融引き締めによって上記3つの要素のうち「マネーの増加」が崩れ、その影響で相場が崩れてしまった。中長期投資は、こうした環境に左右されやすいといえる。

一方、デイトレでは環境にかかわらず自分の技術だけで収益が狙える点が大きなメリットだ。この点を意識することで利益を上げやすくなる。特に、時間を置かず「目の前で完結させる」トレードであるほど環境のリスクを排除できる。

デイトレで買った銘柄は その日に必ず決済する

■時間足を延ばさず 持ち越さない

デイトレのメリットは、細かく売買することによって持ち越しリスクを抑えたり、相場の急変リスクを回避できることだ。そのメリットを最大化するためには、時間軸を延ばさないことが大事。

デイトレのつもりで買った銘柄を損切りできず、つい持ち越してしまう人は多い。これは損失が膨らむ大きな原因だ。持ち越すことで相場の急変に巻き込まれるリスクも抱えてしまう。そのため、デイトレと決めたのであれば、その日のうちに決済する。

自分のイメージと違う値動きをしたら、一度撤退して仕切り直す。デイトレでは、それをあたり前にできるようになることが大事だ。

マネーの増加　▶　金融緩和政策などによって市場に資金が市中に流通し供給されることであり、その資金が物価や株価を押し上げる

スイングで保有する理由を明確にする

■上方修正や黒字化といった
■自分なりの考えを重視

デイトレが「その日のうちに決済する」という時間的なルールを重視するのに対して、スイングは保有期間の幅が広い。決済するかどうかの判断も、1週間で売ろうといった時間的な要素よりも保有した理由や狙いが実現するかどうかが大切だ。

買う人はみんな値上がりすると思って買っている。材料が出る、上方修正が出る、黒字化するといった自分なりのストーリーを思い描いている。重要なのは、そのストーリーが実現しそうかどうか確認すること。情報収集を重ねることで実現性を見る精度が高まる。仮に買値より下がったとしても、ストーリーを覆すような悪材料がないのであれば我慢したほうがよいときも多い。

スイングのイメージ

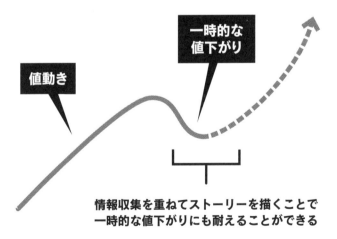

一時的な値下がり

値動き

情報収集を重ねてストーリーを描くことで
一時的な値下がりにも耐えることができる

時間帯によって値動きの方向が見える銘柄がある

大きな資金が入る銘柄に投資して利益を得る

寄付で出来高ができると9時30分ぐらいには相場が落ち着くことが多い。だが、その後の時間帯にも注目すべき銘柄がある。

前場でポジションを閉じようとする向きが多ければ11時前から売られる。また、大引けまでにポジションを閉じるなら14時ごろから売られる傾向にある。その反対をつき、10時30分ぐらいから株価が上昇し始めた銘柄を狙いたい。

機関投資家の注文は10時から入ることも多く、また時間を分けてVWAP取引（テクニック140参照）で入ってくるケースもある。そうした銘柄は、時間をかけて大きな資金が入ってくる可能性が高いので、数日間かけての取引もしやすい。

売買されやすい時間帯

8:00	注文受け付け開始
9:00	取引開始（前場の寄付）
10:00〜10:30	機関投資家やVWAPの注文により大きい資金の買いが入りやすい
11:00	前場でポジションを閉じようとする動きが多ければ売りが多くなる
11:30	前場が終了
12:05	注文受け付け開始
12:30	取引再開（後場の寄付）
14:00	大引け前の売りが入りやすくなる
15:00	取引が終了（大引け）

VWAP取引　▶　VWAPを基準にした価格で取引すること。証券会社を直接の取引相手としているため、売買成立の可能性が高い傾向にある

朝一で売られた銘柄は
日中ヨコヨコのときに買う

日中ヨコヨコになってから
戻りそうな銘柄を狙う

相場は9時から15時まで開いているが、値動きが大きくなりやすいのは、相場が開いた9時から9時半くらいまでと、相場が閉まる15時前。悪材料が出た銘柄などは寄付から売られて大きく下がる。

ただし、いったん下げた後、日中、安値付近でヨコヨコ（株価が横ばいで推移している状態）の動きとなった銘柄は、売りたい人が一巡し

たと判断できる。

そのような銘柄は、15時までに少し戻る可能性があるので、逆張りで入るのも手。

ポイントは、日中のヨコヨコの時間の長さ。長ければ長いほど、株価が下がりづらくリスクを抑えながらリバウンド（リターン）が狙える。

安値付近で逆張り

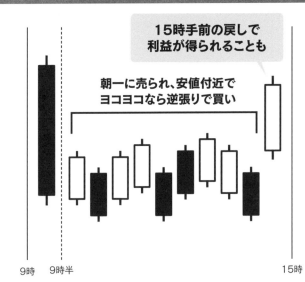

**15時手前の戻しで
利益が得られることも**

**朝一に売られ、安値付近で
ヨコヨコなら逆張りで買い**

9時　9時半　　　　　　　　　　　　　　　　　15時

ヨコヨコ　　　　▶ 値動きが小さく横ばいに推移する状態

応用 technique 007
10時半以降は持ち越す銘柄の選定時間にあてる

10時半までに9割の取引を終わらせる

デイトレでは、その日で最も売買が盛り上がる寄付から10時半までが勝負。その日の売買の9割はこの時間までに終わらせたい。基本的にそれ以降の時間では大きな値動きがなくなるので、引けまでの残り時間を考えるとリターンを出すための期待値は低い。

もし10時半以降も売買するので

あれば、その時間帯は「次の日に持ち越す銘柄を選定する時間」と区切るべき。というのも、持ち越す銘柄は、当日の動きを見ていないと翌日に強いのか弱いのかが判断しづらいからである。

応用 technique 008
夜間取引は保有株があれば売りに徹する

JACK

夜間に買っても買値は次の日までわからない

夜間取引（PTS）では売りに徹するとよい。夜間取引とは、通常の取引時間（9時〜15時）以外の時間に取引できるサービスだ。

企業の突然のニュースや決算発表により、つい売買したくなることもあるが、夜間に買ったとしても次の日の相場が開いてみないと実際の価格はわからない。夜間取引で買った

値段が天井となり、買い値まで戻らずに下落し、結果損失を生むパターンは多い。

しかし、反対に夜間取引で高値掴みする人を利用し、保有株があれば売りに徹すれば勝率は高くなる。

夜間取引は、SBI証券、楽天証券、マネックス証券などで利用できる。ただし、夜間取引は流動性が低く、約定できないケースもある点は留意しよう。

金曜日は手仕舞いする人が多く株価が下がりやすい

藤本誠之

月曜日〜木曜日を重視し金曜日は手を出さない

金曜日は、主に3つの理由で株価が下がりやすい傾向にある。ひとつ目は、「企業は金曜日に材料を発表することが多い」こと。下図のように、上場企業からの発表の多くは金曜日に行われる。そのため、金曜日は株価の予測が難しい。2つ目は、「多くのデイトレーダーが週明けまで持ち越したくない」こと。何故なら、何が起こるか予測がつかないまま、週明けまで持ち越したがらないデイトレーダーが多いため、金曜日に手仕舞いをする傾向が高い。その結果、金曜日以降は株価が下がりやすくなる。3つ目は、「月に1回の金曜日はアメリカの雇用統計がある」こと。アメリカの雇用統計の動きは為替にも影響があり、自然と株価もつられて動きやすくなる。

基本的に、金曜日〜日曜日を除いた、月曜日〜木曜日のトレードを重視して動いたほうがよいだろう。

金曜日以降は株価が下がりやすい

[キャピタル・アセット・プランニング（3965）　5分足　（2023年4月21日〜4月24日）]

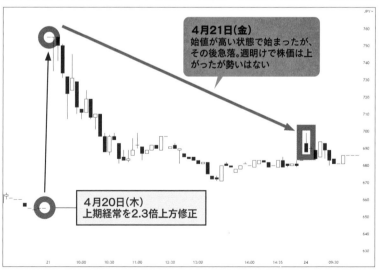

4月21日（金）
始値が高い状態で始まったが、その後急落。週明けで株価は上がったが勢いはない

4月20日（木）
上期経常を2.3倍上方修正

アメリカの雇用統計　▶　アメリカの経済指標。「失業率」「非農業部門雇用者数」の2項目は多くの投資家が注目し、株価にも影響を与えることが多い。原則、毎月第1金曜日に公開される

デイトレでは
細かく利確することが重要

利食いできれば再投資もできるメリットがある

通常、短期投資は「スイングトレード→デイトレード→スキャルピング」というように、トレード期間が短くなればなるほど値動きの幅は小さくなるため、長期投資に比べて利幅が小さくなる。

そのため、細かく利確していくことが勝率を高めるコツだ。利食い後も株価が上昇して「まだ持っていたらよかった」と思うのはナンセンス。こうした考えは塩漬けにつながってしまうからだ。

また、株の上昇、あるいは下落エネルギーが大きいことを確認できれば、再度エントリーして何度も利幅を取ることができるというメリットにも目を向けたいところだ。

短期投資（デイトレ）のイメージ

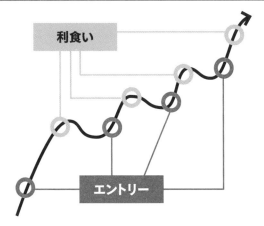

利食い

エントリー

デイトレをはじめとした短期売買では、利食いしたらいったんリセットして、細かく利幅をとっていくことが重要

応用
technique
011

指値で売れなかったら
成売も検討する

上昇力が弱い銘柄は
早く売ったほうがよい

　売りたい価格に指値注文していても、株価がそこまで上がってこないこともある。その場合は方針を変えて成行の売り（成売）に変えるのもひとつの方法。指値した価格まで上がってこないということは、「そこで売れるはず」「そこまで上がってくるはず」という自分の考えが外れていたということ。

　自分が思っているよりも株価の上昇力は弱いため、狙った値段で売れる可能性は低い。また、上昇力が期待より弱いなら、売ってしまってもよいと判断できる。売りたい値段にこだわることで、せっかくの利益が消えてしまうこともある。いかに早く売るかが重要だ。

成売を検討する際のイメージ

指値で売り注文を
出していたライン

値動き

指値のラインまで届かない場合
は、上昇力が弱いと判断して成
売りに方針を変更

逆指値注文を利用して リスクを軽減する

株価の変動に合わせて リスクを管理する

逆指値注文は、株価の変動に応じて自動的に売買を行う注文方法のこと。指値注文では、「株価が下がれば買う」「株価が上がれば売る」と有利な条件での取引を狙うが、逆指値注文は、「株価が上がれば買う」「株価が下がれば売る」という注文になる。

特に、株価下落時に自動的に売却し、損失を限定する「損切り」に活用されることが多い。含み損が一定以上に達した時点で自動的に売却注文を出せるため、常にチャートを監視していなくても、リスクを管理しながらトレードできる。

損失を最小限に抑える有効な手段と言えるだろう。逆指値注文を上手に活用することで、リスクを軽減しつつ、株式投資に取り組むことができる。

損切りには逆指値注文を活用する

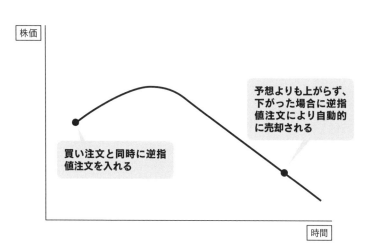

株価

予想よりも上がらず、下がった場合に逆指値注文により自動的に売却される

買い注文と同時に逆指値注文を入れる

時間

OCO注文なら相場が
どちらに動いても対応できる

利確と追加買付けを
同時に狙う

OCO注文は、一度に2つの注文を出し、どちらか一方が成立すると、もう一方の注文が自動的にキャンセルされる注文方法。例えば、株価が100円の銘柄に対して、「103円まで上がれば売る」と「97円まで下がれば買う」という2つの注文を同時に出すことができる。

株価が103円まで上昇すれば売り注文が執行され、97円までの買い注文はキャンセルされる。逆に、株価が97円まで下落すれば買い注文が執行され、103円までの売り注文がキャンセルされる。

OCO注文は、新規注文だけでなく、保有中の銘柄の決済にも活用できる。適切な値幅を設定することで、利益確定と追加買付けを同時に狙うことが可能になるだろう。スムーズな売買タイミングを図る上で、大変便利な注文方法のひとつと言える。

一度に2つの注文を出すOCO注文

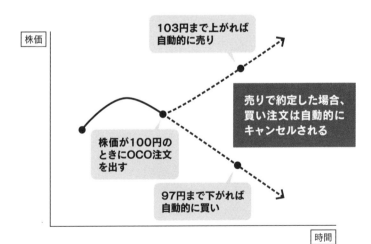

保有後の損切と利確をルール化した売買で使える

ボックス相場時に 利用しやすいIFD注文

利確や損切りのタイミングを 適切に図る

IFD注文は、新規注文とその決済注文を自動的に行うことができる注文方法だ。例えば、現在の株価が100円の場合、「97円まで下がったら買い、その後102円まで上がったら売る」という注文を最初の買い付け注文の時点で設定しておくことが可能だ。これにより、株価が97円まで下落した時点で自動的に買付けが行われ、その後、株価が102円ま

で上昇すれば、自動的に売却されて利益を確定できる。また、空売りの注文も可能である。

さらに、IFD注文は損切りにも活用できる。例えば、「97円で買い、95円まで下がったら売る」といった具合に、損失を限定する注文を事前に設定しておくことで、リスク管理を自動化することもできる。IFD注文を活用することで、利益確定や損切りのタイミングを的確に図ることができるだろう。

自動的に決済注文を行うIFD注文

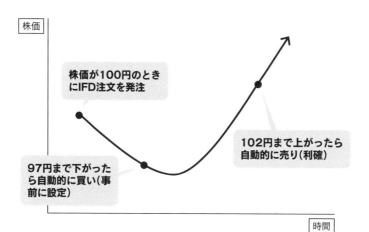

ボックス相場のような上限下限が見えるときに利用しやすい

相場は順張りで参加すると苦しみが少ない

ストレスの少ない方法で短期投資を行う

相場に参加する方法として「ハル」「ノル」「キリトル」という3つの方法がある。「ハル」は、みんなが見向きもしない（安くなった）時期に仕込み、値上がりを待つ方法。利益が出るまで時間がかかるため、苦しんでいる時間が長い。一方、上昇し始めた相場に順張りで乗っていくやり方が「ノル」。トレンドが出ている期間だけ投資するため、時間

軸は「ハル」より短め、苦しむ時間も短めになるが、その分売買回数は増える。

「キリトル」はスキャルで複数の商品の板の値動きのアヤ（一時的な上昇・下落）を取る方法。相場の方向性を見失いがちで、複数の商品を対象とするため、約定代金も大きくなるので上級者向け。

デイトレでは「ノル」を基本方針にすると、大きな損失を抱えない＝ストレスを溜めない投資ができる。

相場への3つの参加方法

1 「ハル」

暴落時など、安くなったときに逆張りで仕込んで長期で保有する方法。価格が戻るのを待ってから売却するため利益が出るまでに時間がかかる

2 「ノル」

相場の方向にあわせて順張りで投資する方法。トレンドが終わると利確になるため、投資回数は「ハル」に比べて増えるが辛い時期は短い

3 「キリトル」

超短期で複数の銘柄の板の値動きを取るやり方。辛い期間はより短いが、1回の取引における金額が大きく、厳密な資金管理も必要になる

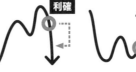

順張りの人は逆張りを真似ても悪い結果になりやすい

培ってきた相場への見方はなかなか変わらない

レンジ相場のときは逆張りが有効に機能するから逆張りをしてみようと思い、挑戦してみるのもよい。ただし、元来順張りスタイルの人が逆張りを真似てみても、逆張りの人の真骨頂である、抜けそうなところで逆張りをして我慢するという姿勢を真似しきれずに悪い結果になってしまうことがある。

上下に抜けそうと感じるところをどう判断するかで、手法は分かれる。自分の手法ではないやり方をうまく真似しているつもりでも、相場の根本的な見方は変わらない。順張り目線で相場を見ていて逆張りしたくなる動きになったと感じたら、その相場は捨てるぐらいの覚悟で相場に臨んだほうがよい。

レンジ相場でも投資方法は変えない

レンジ相場であっても、慣れない逆張りよりも、順張りで行うほうがよい

自分の投資方法に合わない相場に参加するときは、「失敗してもいい」という覚悟をもつこと

基本 lecture 017

ナンピンを想定して
打診買いする

■ まずは半分買っておき
■ 残りのお金でナンピン

買いたい銘柄が値下がりしてきたときは、一気に買うのではなく、まずは打診買いしてみる。

どの程度の量を買うかは個々で変わるが、例えば欲しい量の半分くらいを打診買いすると、さらに下がったときにナンピンし、買値を下げることができる。

逆に上がった場合も、欲しい量の半分は安く買えているため一定の満足感が得られる。

打診買いした価格から下がったとしたら、なぜ下がっているかを確認する。

地合いが悪いときはもう一段階下がる可能性があるため、ナンピンは様子見したほうがよいだろう。

打診買いから始める例

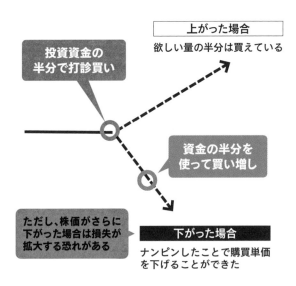

投資資金の半分で打診買い

上がった場合
欲しい量の半分は買えている

資金の半分を使って買い増し

ただし、株価がさらに下がった場合は損失が拡大する恐れがある

下がった場合
ナンピンしたことで購買単価を下げることができた

ナンピン ▶ 買った株が値下がりしたときに、さらに同じ株を買い増して、平均購入単価を下げること。ただし、株価がさらに下がった場合は損失が拡大する恐れがある

相場の参加者が多い銘柄を
ひとつでも多く探す

■ 売買が盛んに行われている
■ 銘柄の波に乗ろう

株式投資の前提として、損する人がいて儲かる人が出る。つまり、相場の参加者が増えるほど、儲かる幅が大きくなる。利益を生み出したいのであれば、相場の参加者が多い銘柄（流動性の高い銘柄）に投資することが大切だ。

ひとつの銘柄に執着してしまうと、株価が動いていない期間もその銘柄に資金が拘束されてしまうため効率が悪い。その間に材料が出ているほかの銘柄があればチャンスを逃してしまう。動きのない銘柄を分析して、短期なら握れるかもしれない、もう少し伸びるかもしれないと考えて粘るより、そのとき相場で人気が出て、盛んに売買されている銘柄に乗ったり、次に波が来る銘柄を予測して、先手を打つという考え方を持とう。

活況銘柄の探し方

本日活況銘柄									

【注】証券会社の自己売買、機関投資家、デイトレーダーなどの売買が活発な約定回数ランキング

— 市場別 —　　　　　　　時価総額別（単位：億円）

全市場	プライム	スタンダード	グロース		全銘柄	-50	50-100	100-300	300-1000	1000-

1 2 3 4 5 6 7 8 9 次へ＞　»　15件 ⌄　　　　　　　　　　株価更新

2024年05月09日 12:18現在　4160銘柄　　株価20分ディレイ→リアルタイムに変更

コード	銘柄名	市場		株価	前日比		約定回数	PER	PBR	利回り
7011	三菱重	東P	📖 📈	1,251.0	-76.5	-5.76%	51,865	18.3	1.87	1.76
6526	ソシオネクス	東P	📖 📈	4,630	-70	-1.49%	36,152	42.4	6.31	1.08
9501	東電HD	東P	📖 📈	957.4	-10.6	-1.10%	33,996	—	0.44	—
7203	トヨタ	東P	📖 📈	3,580.0	+1.0	+0.03%	27,339	13.5	1.41	—
9107	川崎汽	東P	📖 📈	2,186.5	-8.0	-0.36%	24,689	12.9	0.97	3.89
7211	三菱自	東P	📖 📈	452.7	-20.8	-4.39%	20,583	4.7	0.67	3.31
1570	日経レバ	東E		27,710	+265	+0.97%	18,156	—	—	—
6963	ローム	東P	📖 📈	2,008.0	-246.5	-10.93%	17,530	55.4	0.80	2.49
6920	レーザーテク	東P	📖 📈	42,060	+320	+0.77%	16,898	77.4	28.52	0.45
4064	カネカ	東P	📖 📈	15,990		57.1				

株探の本日活況銘柄(https://kabutan.jp/warning/?mode=2_9)では、売買が活発な約定回数ランキングを見られる。

基本 lecture 019

大口投資家の仕掛けが
重いか・軽いかを考える

■ 大口に逆らう取引は 損を生む

よく「ふるい落とし」という言葉も耳にするが、上昇に勢いがある銘柄は資金の小さい個人投資家だけでなく、資金量の大きい投資家や機関投資家など大口が仕掛けていることも多い。

こうした大口は、上昇途中で上値が重いと感じたらいったん売りを入れて資金の小さな個人投資家をふるい落とし、そこからまた上昇させるケースがある。

資金量の大きな流れに逆らった取引はうまくいかないことが多い。「誰かが動かしている」という目で相場を見ることができると景色が変わることもあるのだ。

ふるい落としのイメージ

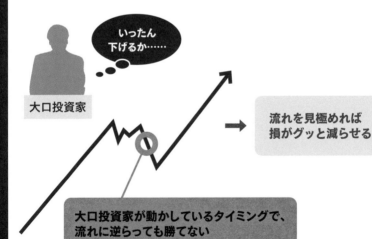

大口投資家

いったん下げるか……

大口投資家が動かしているタイミングで、流れに逆らっても勝てない

流れを見極めれば損がグッと減らせる

現物取引は1日のうち同じ銘柄で何度も取引できない

藤本誠之

現物取引のメリットと注意点を把握する

現物取引とは、取引所を通じて株式と現金（売買代金）を受け渡すことで行われる通常の取引のことだ。

ただし、現物取引は同じ銘柄を1日のうちに何度も取引することができない。何故なら、「差金決済取引」にあたるからだ。

差金決済取引とは、現物の受け渡しを行わず、売却金額と買付金額との差額で決済すること。ひとつの銘柄で「買付→売付」か「売付→買付」の一方通行の売買は可能だが、同じ日同じ銘柄同じ資金で「買付→売付→買付」もしくは「売付→買付→売付」を行うことはできない。ただし、売買に使用したそれ以外の資金を使えば問題なく売買できる。

差金決済取引での株式売買は、信用取引以外では法令で禁止されているため注意したい。FXなどは問題なく行えるが、株式投資のルールと覚えておこう。

現物取引と信用取引の違い

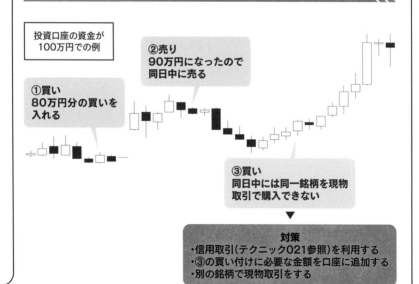

投資口座の資金が
100万円での例

①買い
80万円分の買いを
入れる

②売り
90万円になったので
同日中に売る

③買い
同日中には同一銘柄を現物
取引で購入できない

▼

対策
・信用取引（テクニック021参照）を利用する
・③の買い付けに必要な金額を口座に追加する
・別の銘柄で現物取引をする

「一般信用制度」を使うと空売りできる銘柄の幅が広がる

⚠ リスク大

証券会社が貸し出した銘柄で空売りができる

　現金や株式を担保に、証券会社から現金や株式を借りて売買する取引方法を信用取引と呼ぶ。メリットは「最大3.3倍までレバレッジをかけられること」「同日中に同一銘柄の売買を何度も行えること」「空売りができること」。空売りとは、証券会社から借りた株式を売り、株価が下がったときに買い戻すことで利益を得る手法。株価が下落しても利益を狙うことができる。

　注意すべきは、空売りできる銘柄が限られている点だ。証券所が指定した銘柄のみで行う「制度信用取引」においては、証券所が「貸借銘柄」に指定した銘柄でしか空売りができず、貸借銘柄以外は買いから入ることしかできない。しかし、各証券会社が指定した銘柄を対象に取引できる「一般信用取引」を使うと、貸借銘柄以外でも空売りができるケースがあるため活用したい。

信用取引のメリット・デメリット

─ 信用取引のメリット ─
最大3.3倍まで資金を借りる「レバレッジ」を使える／同日中に同一銘柄の売買を何度も行える／空売りができる

─ 信用取引のデメリット ─
レバレッジをかけて損失を出した場合は損失が膨らむ／返済期限があり、賃貸料や逆日歩などがかかる

制度信用取引と一般信用取引の違い

証券会社で銘柄を確認！

制度信用取引
- 取引所が指定した銘柄が対象
- 返済期限は半年以内
- 賃貸料・逆日歩が発生する（テクニック188、189を参照）
- **貸借銘柄以外は空売りができない**

一般信用取引
- 証券会社ごとに指定された銘柄が対象
- 返済期限は原則無制限
- 賃貸料・逆日歩は発生しない
- 各証券会社の一般信用取引の対象銘柄であれば、貸借銘柄でなくても空売りができる

※信用取引は信用口座を開設することで利用できる
※空売りは、現物取引に比べて損失のリスクが大きいため慎重に行う必要がある

賃貸料・逆日歩 ▶ 賃貸料は、証券会社から株を借りる際に発生する費用。逆日歩は、市場で信用に使われる株が足りないと発生する、買い方に売り方が支払う費用

応用 technique 022

2単元以上購入できる銘柄を投資対象にする

藤本誠之

投資金額3割の資金で2単位以上買えるのが理想

個人投資家の最大のウィークポイントは投資金額が限られることだ。株式投資では1単元がほぼ100株単位なので、株価水準によっては高値の花となる銘柄がある。

ギリギリ100株（1単元）しか買えない銘柄は投資対象とすべきではない。1単元のみ保有の場合、売却・持続の2択しか選択できず、塩漬け株になる可能性が高いからだ。2単元買えば、全部売却・半分売却・全部持続の3択になる。また、1単元買ってから、下落してのナンピン買い、上昇しての追撃買いも可能だ。

1単元のみだと、多少上昇しても売りにくく、結果として塩漬け株となりがちだ。自分の投資金額の3割の資金で2単元以上買える銘柄を投資対象としたいところだ。

応用 technique 023

ネット証券の一日信用取引を利用する

新興相場の銘柄も空売りできる

一日信用取引は当日中に返済する信用取引のことで、ネット証券各社が提供している。買建も売建も可能で、同一保証金で回転売買が一日に何度でもできる。デイトレに限定していることで取引コストが下げられており、細かい取引を繰り返してもコスト負けしない利点がある。

また、通常は空売りできない新興相場の銘柄も、取り扱い会社が認めた銘柄については空売りが可能になる。そのため、新興相場の急騰銘柄には空売りへ向かいやすいが、その日のうちに決済する必要があるので、引けにかけて買い戻しが多く入る。各社で発表している空売りが可能な銘柄や空売りにかかる金利はチェックしておくとよいだろう。

基本 lecture 024

後場が終わるまでに決済して オーバーナイトリスクを避ける

デイトレードで
回避できるリスク

1日で決済するデイトレは、株式の場合、おおむね後場が終わるまで決済を終えることが多い。これは急激な相場変動の影響を回避できるメリットがある。

企業の業績やプレスリリースといった重要な情報は、株式市場の立会時間終了後である、15〜16時に発表されることが多い。もしその内容が好材料と判断されれば、翌日の株価は大きく上昇するだろう。

反対に、悪材料だと判断されれば、株価は急落する可能性がある。これを「オーバーナイトリスク」や「持ち越しリスク」と呼ぶ。

特に、悪材料が出た場合、翌日の始値から一気に株価が下落することが多い。デイトレードでは、こうしたオーバーナイトリスクを回避することができる。

オーバーナイトリスクを避ける

[アクアライン（6173）　15分足　2024年4月15日〜4月17日]

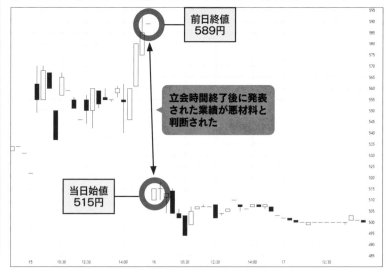

前日終値
589円

立会時間終了後に発表された業績が悪材料と判断された

当日始値
515円

前日の取引終了後の
情報次第で流れが変わる

■ 前日の終値からかい離して
翌日の始値がつくことがある

前日の株価は、翌日の株価に影響を与えることが多いが、前日の終値と翌日の始値が完全に一致するとは限らない。それは、株価が需給バランスによって決定されるためだ。

例えば、大引け後の決算発表で企業の予想を上回る上方修正があると、前日の終値から翌日の始値が大きく上がってかい離することがある。逆も然りで、株価が下落するよ

うな材料が発表されると、前日の終値から大きく下げて翌日の始値がつく場合があるのだ。

このように、株価に影響を与える重要な材料が発表されると、翌日の始値が前日の終値から大きくかい離することがある。特に決算など企業発信の材料は大引け後に発表されることが多い。大引け後は企業からの発表やニュースなどの情報をチェックしておきたい。

株価に影響を与える材料が発表された翌日

[レゾナック・ホールディングス（4004） 1時間足 2024年4月19日〜4月24日]

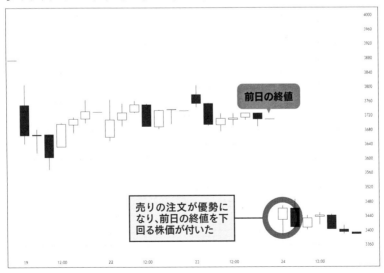

前日の終値

売りの注文が優勢になり、前日の終値を下回る株価が付いた

基本 lecture 026

値動きが大きく動く時間帯を 狙って取引を行う

■ デイトレードで 取引に適している時間

デイトレードでは市場が開いている時間のうち、午前9時から11時までが最も取引に適している。

なかでも、午前9時から9時30分までの時間帯は、最も取引が活発で値動きが大きくなる傾向がある。その理由は、前日の取引終了後に発表された企業の決算情報やニュース、経済指標などの材料を受け、投資家の注文が集中しやすいからだ。

また、午前8時から受け付けている注文が、市場の開始とともに一斉に約定されるため、この時間帯は1日のなかで最も値幅が大きくなりやすい。

この午前9時から9時30分までの時間帯を狙うことで、大きな利益を得られる可能性が高まる。ただし、値動きが大きい分、リスクも高くなるため、しっかりとしたリスク管理が必要不可欠である。

取引量が多い時間帯を狙う

[SANSAN（4443）　5分足　2024年4月23日]

値動きが大きい

値動きが緩慢になる

前場（9時～11時30分）　　　後場（12時30分～15時）

基本
lecture
027

大引け前の値動きを分析して翌日の戦略を立てる

大引け前の値動きは翌日の株価へ影響を与える

　デイトレードでは、大引け前の14時45分頃から15時までの値動きが翌日の株価に大きく影響することが多い。例えば、正午過ぎから株価が下落傾向にあり、大引け前になっても明確な反発が見られない場合、翌日もその下落トレンドが継続する可能性が高い。逆に、大引け前に株価が切り返しの動きを見せれば、翌日に上昇する期待が持てる。

　テクニック026でも触れたように、デイトレードで最も取引に適しているのは9時から11時だ。この時間に効率的な取引ができるようにするためには、大引け前の値動きをしっかりと観察し、翌日の戦略を立てることが重要となる。

　ただし、テクニック025のように、大引け後の材料で予想通りの動きにならないこともあるため、柔軟に対応することも必要だ。

大引け前の株価が翌日の始値に影響する

[MONOTARO（3064）　5分足　2024年4月17日〜4月18日]

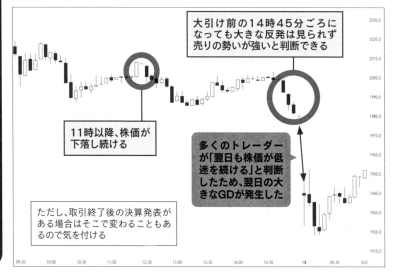

大引け前の14時45分ごろになっても大きな反発は見られず売りの勢いが強いと判断できる

11時以降、株価が下落し続ける

多くのトレーダーが「翌日も株価が低迷を続ける」と判断したため、翌日の大きなGDが発生した

ただし、取引終了後の決算発表がある場合はそこで変わることもあるので気を付ける

市場の閉場前は
売買が活発になる

■ 閉場15分前は
■ トレードのチャンス

午前中にトレードを行わなかった場合、大引け前の14時30分頃から15時の時間帯は取引のチャンスだ。

市場の閉場前30分間は、その日の取引のクライマックスとなる。特に閉場15分前は売買が活発化し、値幅が大きくなるため、トレードのチャンスが生まれやすい。ただし、大引け前はデイトレーダーが利益確定（利確）や損失確定のために売りを出すことが多いため、午前中とは異なる値動きであることに注意しよう。

一方で、午前中に急騰した銘柄が大引けにかけてさらに上昇することもあり、値動きを見極められれば、利益を得るチャンスにもなり得る。

大引け前に翌日に持ち越さないトレードを行う際は、午前中に高値圏まで上昇した銘柄がさらに上昇するか、午後の値動きをしっかりと確認して見極めることが重要だ。

大引け前は株価の変動が起こりやすい

[オービックビジネスコンサルタント（4733）　5分足　2024年4月23日]

高値圏で陰線が3回続くことを「黒三兵」といい下落トレンドを示唆する

大引け前は多くのデイトレーダーが利確や損切りを行うタイミングのため、株価の変動が起こりやすい

金曜日までに保有株を売却して持ち越しリスクを避ける

■ 休暇明けは相場が 大きく変動しやすい

スイングトレードでは、数日から数週間程度の期間、ポジションを保有するため、「持ち越しリスク」に注意が必要だ。特に、土日を挟んだ週末は市場が完全に閉場するため、その間に突発的なイベントが発生すると、月曜日の取引で窓開けや急激なトレンドが生じる可能性がある。こうした週末のリスクを回避するためには、金曜日までに保有株を売却

し、週末を跨いだ持ち越しを避けることが賢明だ。

さらに、ゴールデンウィークやお正月などの長期休暇は、通常の週末よりも市場の休場期間が長くなるため、持ち越しリスクがさらに増大する。長期休暇明けは、相場が大きく変動しやすい傾向があるため、リスク管理の観点からも、休暇前に一旦ポジションを清算しておくことが重要だ。

長期休暇前に決済を済ませておく

[エムスリー（2413）　日足　2023年4月11日〜6月19日]

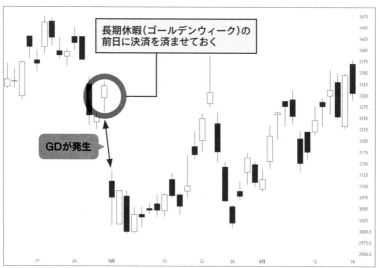

長期休暇（ゴールデンウィーク）の前日に決済を済ませておく

GDが発生

ストップ高・ストップ安の理由から値動きを予測する

ストップ高が出た理由を確認しておく

日本の株式投資では、過度な急騰や急落を防ぐため、株価が1日で変動する幅に限度（値幅制限）がある。前日の終値によって値幅の限度が決まるため、終値を確認しておくとよい。この値幅制限いっぱいまで株価が上がることを「ストップ高」、逆に下がることを「ストップ安」と呼ぶ。

また、値幅制限には拡大措置があ

り、2営業日連続でストップ高（安）が続いた場合は制限する値幅が4倍に広がる。

ストップ高が出た後の反応はさまざまだ。あくまでひとつの目安だが、安値圏で発生するとその後上昇しやすく、高値圏で上昇すると「買われすぎ」「実態に合わない価格が付いている」と判断されてすぐに下がりやすくなる。また、ストップ高が起きた理由を調べ、傾向を分析しておくとよい。

ストップ高の傾向

[サノヤスホールディングス（7022）　1時間足　2024年3月4日〜4月15日]

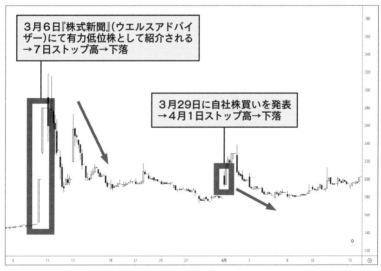

3月6日『株式新聞』（ウエルスアドバイザー）にて有力低位株として紹介される→7日ストップ高→下落

3月29日に自社株買いを発表→4月1日ストップ高→下落

注文板・歩み値

注文板は、売り注文や買い注文の注文数を表し、
歩み値は、約定した取引ごとの価格や数量を表したもの。
いずれも、デイトレでは相場の流れを理解するうえで重要なツールだ。
本章では、基本的な注文板・歩み値読み方から活用方法を解説する。

基本 lecture 031
注文板を読んで売り買いの勢いを把握する

売りと買いの どちらの板が厚いか確認する

注文板には、各価格（気配値）の売り注文や買い注文の数がリアルタイムで表示されるため、売りと買いのどちらが有利かを判断しやすい。このとき、買い注文が多いことを「買い板が厚い」、売り注文が多いことを「売り板が厚い」と呼ぶ。

買い板が厚いときは、買いたい投資家が多く、値上がりしやすい。また、売り注文を消化できる余裕が大きいので株価は落ちにくい。

反対に、売り板が厚い場合はその逆で、値下がりの可能性が高く、新たに買いを入れるのは控えたい。

ただし、テクニック033のように、機関投資家があえて売り板を厚く見せて下げに誘導する場合もあるため、セオリー通りにならないこともある。また、値動きが小さい銘柄は、単に「板の厚さ」だけで判断するのは難しいため、避けたほうがよい。

売り板が厚い注文板の例

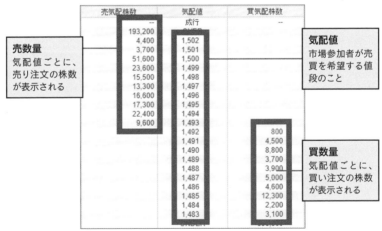

売気配株数	気配値	買気配株数
--	成行	--
	OVER	
193,200		
4,400	1,502	
3,700	1,501	
51,600	1,500	
23,600	1,499	
15,500	1,498	
13,300	1,497	
16,600	1,496	
17,300	1,495	
22,400	1,494	
9,600	1,493	
	1,492	800
	1,491	4,500
	1,490	8,800
	1,489	3,700
	1,488	3,900
	1,487	5,000
	1,486	4,600
	1,485	12,300
	1,484	2,200
	1,483	3,100
	UNDER	

売数量
気配値ごとに、売り注文の株数が表示される

気配値
市場参加者が売買を希望する値段のこと

買数量
気配値ごとに、買い注文の株数が表示される

出所：SBI証券

**成行注文は発注が出た時点で約定されるため、
注文板に表示される注文は指値注文のみ**

呼び値 ▶ 株を売買する際の価格の刻み幅のこと。銘柄の株価水準やTOPIX500構成銘柄かどうかによって異なる

基本 lecture 032 気配値が飛んでいる銘柄は流動性が低いため避ける

価格が飛びやすくリスクが高い

売買が少ない銘柄は、注文数が少ないため、気配値が「750円」「745円」「743円」……のように飛び飛びになるという特徴が現れる。

必然的にこうした銘柄は板が薄くなり、指値を入れても約定しづらく、成行で買い注文をすると想定より高値で約定するリスクがある。

「板が薄い」とは、注文数が少なく流動性が低い状況のこと。

また、板が薄いと株価の急激な変動が起こりやすい。損切りしようとしても売り注文が約定せず、その間にも下落してどんどん評価損が膨らんでいく、といった事態もあり得る。

なかには、一気に価格が飛ぶことで大幅な利益を獲得できるケースもあり得るが決済できない可能性を考えるとハイリスクでしかない。

応用 technique 033 「株価は板が厚いほうに動く」はいつでも使えるわけではない

川合一啓

抵抗線付近の売り注文が多ければ株価は下落しやすい

「株価は板が厚いほうに動く」というセオリーがある。例えば、売り板が厚い状態であれば、株を買いたい人が買い注文をぶつけられるため、株価が上がりやすくなる。

しかし、銘柄ごとの状況によって値動きは千差万別であり、実際は必ずしも厚いほうに動くとは限らない。例えば、日足単位で下落トレンドを形成している銘柄で、当日は株価が上昇していたとする。このとき、多くの投資家はどこかで売り逃げしたいと考えるため、直近高値など利確の目安になる価格帯に売り注文が入り、売り板が厚くなる。しかし、当然成行注文で売る人も多いため株価が下落していき「板が薄いほうに動く」状態になるのだ。「板が厚いほうに動く」という言葉だけを覚えても実戦では使えない。

応用 technique 034 大口投資家の「蓋」を確認する

ウルフ村田

大量の注文によって株価の上昇や下落を止められる

大量の注文によって株価の上昇や下落を止められる大口投資家は、価格を上げないように「蓋」と呼ばれる大量の売り注文を出すことがある。例えば、株価が1000円の銘柄があり、売数量、買数量の注文数はどの気配値でも500株～2000株に収まっているとする。このとき1005円で5万株という大量の売り注文が入れば、通常の買い注文が入っても1005円を超えづらく、価格の動きを止めやすい。この場合、1005円より株価が上昇するのは難しいと考える投資家が多くなるため株価は下がる傾向がある。

ただし、この蓋が見せ板（見せ玉）（テクニック037参照）の可能性もあるので注意が必要だ。また、この「蓋」が取れた場合は株価は一気に上にブレイクする傾向がある。

応用 technique 035 大口投資家のTWAP注文から相場の方向性を見る

規則的な注文を見つけたらその方向に付いて行く

すべての市場参加者の動向は観察できないが、視点を絞って売買を観察していくと、株価動向に大きな影響を与える大口投資家の動向が透けて見えてくることがある。

そのひとつが、アルゴリズム注文の「約定」を見ることだ。大口投資家が使う発注系のアルゴリズム注文のうち、大きな比率を占めているのが、一定の間隔で注文を繰り返す「TWAP注文」。約定を細かく見ていき、一定のリズムで同じような株数の注文を繰り返している主体がいたら、大口投資家と判断しその方向性に付いていくように取引を行ってみよう。こうした大口投資家の注文は一定期間続く可能性があるため、相場に方向性が出ることが多い。順張りでその方向に乗ると利益につながる可能性が高い。

発注系の
アルゴリズム注文 ▶ コンピューターを駆使した取引のうち、証券会社独自のノウハウを組み込むことで、より有利な価格で約定することを可能にしている

応用 technique 036 同じ価格に注文が何度も出るのは大口投資家が動いている

注文板を見て大口投資家の動きを見抜く

大口投資家は資金量が大きいため、希望する取引をすべて板にのせると目立ってしまい、それによって株価が動いてしまうので、希望する価格帯での取引が困難になる。そのため、大量の注文を少量に分割して発注するアイスバーグ注文が用いられることがよくある。

例えば、売り板が厚く、買い板が薄いので下がっていきそうなのに株価が動かず、その価格帯での歩み値を見るとどんどん買いが約定している。つまり、買いが約定したらすぐに新たな買い注文が復活している。このような場合は、大口のアイスバーグ注文である可能性が高い。

大口投資家が参入するとその後は値上がりしやすいので、このような局面では買いを入れ、大口投資家のつくりだす波に乗っていくのがよいだろう。

大口投資家が使うアイスバーグ注文

アイスバーグ注文とは
ひとつの大口注文を、自動で小分けに発注できる機能。注文板には小分けにされた注文数しか見えないため、大口投資家が、自身の注文動向を隠したいときに使われる

アイスバーグ注文の特徴	アイスバーグ注文を見つけたら
特定の気配値の注文が何度も復活する	**大口投資家の流れに乗ってみる**
例えば、1000円の気配値の買数量が1000株分増え、約定されてもまた1000株分の注文が増える……こうした流れが繰り返し見られる場合は、アイスバーグ注文の可能性が高い	基本的に、アイスバーグ注文は資金力のある大口の投資家が使う注文。アイスバーグ注文で買われている場合、大口投資家の流れに乗り、打診買いを行うとよい

約定する気のない注文を出したら違法

■ 見せ板（見せ玉）は法律で禁止されている

デイトレでは素早い判断が必要のため誤った注文を出してしまうケースもあるが、約定されなければ注文を取り消すことができる。

しかし、むやみに注文の取り消しを繰り返すと、「見せ板（見せ玉）」に該当すると判断され、ペナルティが課される可能性がある。

見せ板とは、売買する意志のない注文を大量に発注することで相場の強さを演出し、自分に有利な方向に相場を操縦すること。資金力のある機関投資家が行うとされている。大量の買い注文で買いの強さを演出すれば、ほかの投資家に買わせて値段が釣り上がるという算段だ。

この行為は法律で禁止されているため、個人投資家であってもむやみに注文を取り消せば、見せ板（見せ玉）とみなされる可能性がある。注文を出すときは必ず注文内容を確認しておこう。

見せ板（見せ玉）と判断される際の要素

金融庁の証券取引等監視委員会は、過去の見せ板（見せ玉）への勧告において、見せ板と判断される要素をいくつか挙げている

- ●自己の売付（買付）注文が約定した直後に、買付（売付）注文を**すべて取り消している**
- ●指値の価格帯や発注の数量などが、買い板（売り板）を厚く見せかけ、ほかの市場参加者からの**買付注文（売付注文）を誘引する効果を有する**ものとなっている
- ●上記行為を**反復継続して行っている**
- ●行為者の通常のディーリング（利益を追求した売買）の規模からして、**過大な量の発注をしている**

など

出所：証券取引市場「東海東京証券及びリテラ・クレア証券の勧告（作為的相場形成）についての補足説明」

特別買い気配　▶ 買い注文が多いあまり値段が付かない状態の気配値

フル板で板寄せ価格を確認し 寄り値で注文するか判断する

川合一啓

■ 売り買いの勢いによって 上場後の対応を変える

　フル板での寄付前の注文板には「寄」と書かれたマークが表示される※。これは板寄せ価格のことで、IPO銘柄だと、買いと売りの注文状況から算出された初値の予想を示す。IPO銘柄の上場日、公募価格より板寄価格が大きく上で始まる場合、板寄せ価格に注目しよう。例えば、公募価格1500円の銘柄で8時59分ごろの板寄せ価格が2000円だとする。9時の市場スタート後、買い注文が殺到したため初値が付かず、1500円の特別買い気配となった。その後も特別買い気配が1900円辺りまで上昇し、もう少しで板寄せ価格の2000円と一致しそうになった。ここで板寄せ価格が徐々に上がればほかの投資家が株価を吊り上げている可能性が高く、初値が付いた後は売りが優勢に反転することが多い。IPOに当選していれば寄付での売却を検討しよう。

フル板を使った初値予想の方法

公募価格が1500円の銘柄の場合（板…板寄せ価格、特…特別買い気配）

8時59分　市場が開く前

（板）**2000円**

通常の注文板では表示されないことがあるためフル板で見る

（特）**1500円**

買い注文が殺到して値が付かない状態

9時30分　特別買い気配が上昇

（板）**2000円**

（特）**1600円**

9時45分　特別買い気配が板寄せ価格に近づく

（板）**2000円**

（特）**1900円**

10時00分　板寄せ価格が上昇

（板）**2050円**

（特）**2000円**

↓

特別買い気配の上昇に合わせて板寄せ価格が上がる場合、初値が付いた後は株価が下がりやすい

➡初値が付いた後はすぐに売却する

※証券会社によって「寄」「前」などと名称が変わる。また、フル板は楽天証券、松井証券、マネックス証券、auカブコム証券などのツールで閲覧できる

フル板　　　▶ 値幅制限まですべての注文が表示された注文板のこと

歩み値で大口投資家が 参加しているかがわかる

ウルフ村田

約定した取引を 一件ずつ確認できる

歩み値とは、約定された取引の約定価格と注文株数を一件ずつ時系列で表したもの。注文板で気配値が飛び飛びになっている銘柄を避けるのと同様、歩み値の時刻で約定時刻の間隔が空いている銘柄も、流動性が薄く避けるべきだ。

歩み値でも重要なのが大口の投資家の動き。一般的に、大口の買い注文が約定すればそこから買いの流れが生まれやすくなるため、その流れに乗って買いを入れるとよい。しかし、数ティック株価が上がった後に細かい売りが何度も入る場合、アイスバーグ注文のような特殊な注文方法で売りを入れている人がいる可能性が高く、うまく株価が上がりづらいため離脱を検討しよう。このように、大口投資家の流れに乗る投資法は歩み値で売り買い共にその後の動向を確認しておくとよい。

歩み値の読み方と戦略

時刻	約定した株数	約定した価格
時刻	出来高	約定値
12:30:00	5,800	2,223
11:30:00	900	2,224
11:29:56	100	2,225
11:29:49	100	2,226
11:29:43	200	2,225
11:29:43	100	2,225
11:29:43	200	2,225
11:29:14	500	2,230
11:29:14	1,100	2,229
11:29:14	1,000	2,228
11:29:14	400	2,227
11:29:05	100	2,226
11:28:22	200	2,225
11:28:11	100	2,226
11:28:09	600	2,225
11:28:09	400	2,225
11:28:06	500	2,224

出所:楽天証券

歩み値の色分け
（楽天証券の場合）

緑 株価が下がったことを示す

赤 株価が上がったことを示す

黄 株価に変動がなかったことを示す

※色分けは証券会社やツールによって異なる

戦略1
大口投資家の買い注文（または売り注文）を確認できたら買い（または売り）を出す

戦略2
大口投資家の流れに乗った後もアイスバーグ注文（テクニック026参照）などがないか歩み値で動向を確認

IPO ▶「新規公開株式（Initial Public Offering）」のこと。新たに市場に上場する銘柄。

売り注文が厚くても株価が下がらないときの戦略

基本
lecture
040

デイトレの基本
歩み値を確認

注文板は買いと売りの心理戦を表しているが、売り注文が厚くなっている場合でも、株価がなかなか下がらなかった場合に注目したい。

買い板が薄いにも関わらず株価が下がらない状態というのは、板に反映されていない買い需要があると推察される。この前提をもとに、機関投資家や大口投資家は売り板が厚い状態でも積極的に買いを進めてい

く。このとき、約定状況を歩み値で確認すると、厚かった売り板は買い勢力に負けて食われ、空売り勢は買い戻しに走ることになる。一気に買いの圧力が高まることで新規買いを集め、さらに株価は上昇する傾向にある。デイトレにおいて基本であり、非常に重要なエントリーのヒントとなるだろう。

歩み値の確認方法

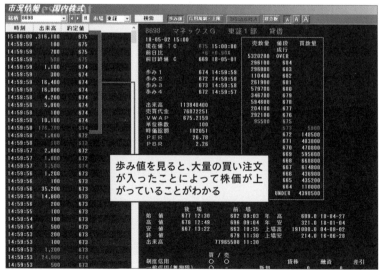

歩み値を見ると、大量の買い注文が入ったことによって株価が上がっていることがわかる

歩み値は楽天証券のマーケットスピードなどのチャートツールを使えば確認できる。

公募価格 ▶ 新規上場（公開）する株式を、投資家が購入する価格のこと。「募集価格」とも呼ばれる

歩み値を使った
スキャルピング

川合一啓

瞬発的な判断と操作が
必要なテクニック

時系列で約定価格と注文枚数がわかる歩み値だが、スキャルピングと呼ばれる、数秒で決済をする超短期売買にも活用することができる。

例えば、株探やヤフーファイナンスなどで閲覧できるティック数ランキング20位以内に入る銘柄の歩み値で、大きな売り注文が入ったとき、この注文によって株価が−5%ほど落ちたとする。こうした急な下落の後には高確率で瞬間的な反発が発生する。この特徴を利用し、大口の売りよって−5%の株価が下がったタイミングで買いエントリーを入れると値幅を狙うことができる。

ただし、スキャルピングは集中力と素早い操作、素早い判断が必要なため、初心者であれば安易に手を出すのはやめておこう。

急な下落を狙ったスキャルピング手法

①大口の売りが約定する	約定した株数が1万株以上など、大口の注文が通れば釣られて株価が下がりやすい
②−5%株価が下がる	大口注文後も株価に影響がないケースがあるため、−5%を目安にする
③買いエントリーを出す	大きな下落の後は瞬間的に株価が上昇することが多い
④株価の上昇を確認	株価の上昇を確認できたらすぐに利確する。あくまで瞬間的な値幅を狙うため、機会を逃すとすぐに下落してしまう 瞬時的な判断が必要であり、損失のリスクもあるため初心者は安易に行わないほうがよい

ティック ▶ 売買の最小単位のこと。注文板において、気配値の1段分が「1ティック」に相当する

基本 lecture 042

歩み値を使って売買の強弱を判断する

「強い買い」はトレンドが変わるサイン

スキャルピングにおいては、テクニカル指標を使った分析のほか、「売買の強弱」を見極めることも重要だ。

例えば、ある銘柄が上がるという非常に可能性の高い情報をトレーダーが得たとしたら、すでに出ている売り注文に買い注文をぶつけて株式を購入する。これが「強い買い」だ。一方、特に情報はないものの、ある銘柄が中長期的に上昇しそうな場合、現在価格の下に指値で注文を入れることがある。これは、すぐに買わなくてもよい「弱い買い」だ。

スキャルピングで意識しなければならないのは「強い買い」である。特に大口の売買は株価のトレンドが変わるきっかけになるため、その動向を必ず押さえる必要がある。この動向を確認できるのが歩み値ということだ。

スキャルピングで重要な「強い買い」

売気配株数	気配値	買気配株数
--	成行	--
7,033,500	OVER	
122,800	1,398.0	
41,400	1,397.5	
38,100	1,397.0	
24,800	1,396.5	
24,900	1,396.0	
9,300	1,395.5	
72,100	1,395.0	
16,000	1,394.5	
5,200	1,394.0	
5,200	1,393.5	
	1,392.0	11,800
	1,391.5	2,900
	1,391.0	13,400
	1,390.5	13,300
	1,390.0	72,100
	1,389.5	3,300
	1,389.0	16,800
	1,388.5	3,100
	1,388.0	17,400
	1,387.5	2,500
	UNDER	3,641,600

売りの最良気配以上の価格で買いをぶつける

大口投資(小型株では1本1000万円以上)は買いサインと判断

即金規制時はリバウンドを狙って エントリーポイントを探す

基本
lecture
043

■ 初値が付かない場合は
即金規制が適用される

　新規上場銘柄が上場初日の15時を迎えても売買が成立せず、初値が付かない場合、相場の過熱を抑えるために即金規制（即日現金徴収規制）が適用されることがある。

　即金規制下では、現金でしか取引できず、成行買いや信用取引での買い注文、他銘柄の売却代金での買い注文ができなくなる。

　即金規制後、高い株価で寄り付いた場合、信用取引の買いが入れないなど、取引できる資金が限られているため、株価がいったん下落するケースが多くみられる。

　したがって、即金規制時のエントリーは基本的に「買い」で、寄り付き後にいったん下落したところでリバウンドを狙うのが基本戦略である。エントリーポイントは、1分足チャートとMACD（テクニック134参照）を組み合わせて探すのがおすすめだ。

■ 即金規制下の戦略

［コージンバイオ（177A）　1分足　2024年4月25日］

MACD線

0ラインの上で
MACD線がシグ
ナル線を下抜け
たら売りサイン

0ラインの下で
MACD線がシグ
ナル線を上抜け
たら買いサイン

シグナル線

銘柄選択

デイトレで重要なのは流動性が高く、
株価が大きく上昇しやすい銘柄を選ぶこと。
トレードを行いやすい銘柄の探し方をランキングやテーマ、
材料といった観点から解説。

基本 lecture 044

週末はリスク回避のため
株価が下がりやすい

藤本誠之

■ 月曜日～木曜日を重視し
金曜日は手を出さない

金曜日は、主に３つの理由で株価が下がりやすい傾向にある。ひとつ目は、「企業は木曜日・金曜日に材料を発表することが多い」こと。上場企業からの発表は株価への影響が大きい。木曜日の引けから金曜日の場中に発表される材料によって、株価の予測が難しくなる。

２つ目は、「多くのデイトレーダーが週明けまで持ち越さない」が

ある。金曜発表の企業の多くは引け後にあり、また、土日も予測がつかないため、金曜日に手仕舞いをする傾向が高い。その結果、金曜日は株価が下がりやすくなる。

３つ目は、２つ目に関連するが「毎月第１金曜日はアメリカの雇用統計がある」こと。為替にも影響が与えるため、株かもつられて動くこともあり、経済指標として非常に注目される。そのリスク回避のために売られるからだ。

木曜日にいい材料がでても、金曜日は尻つぼみしていくことがある

[KOA(6999)　5分足　2024年4月19日～4月22日]

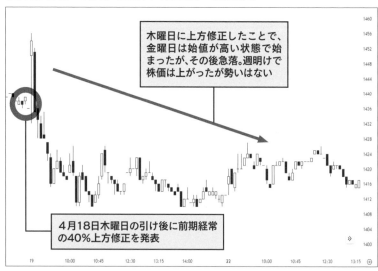

木曜日に上方修正したことで、金曜日は始値が高い状態で始まったが、その後急落。週明けで株価は上がったが勢いはない

４月18日木曜日の引け後に前期経常の40%上方修正を発表

値上がり率ランキングを寄付後に確認する

藤本誠之

デイトレに重要な「始値比」がすぐにわかる

デイトレでは、特に値動きの大きな銘柄で値幅を取ることが求められる。そこで役立つのが、「始値比ランキング」だ。

例えば、下図はマネックス証券のランキングページだ。MY PAGEの投資情報から値上がり率ランキングを選択すると、「前日比」「気配値」「始値比」などの項目を選択できる。ここで始値比を選択すると、その日の始値から大きく株価が上昇した銘柄を見つけることができる。

始値から大きく株価が上がっているということは、それだけ値幅を取りやすく、デイトレで利益を狙いやすいということ。

寄付後の9時15分ごろからこのランキングを確認することで、その日に活発に株価が変動している銘柄を確認することができる。

始値比値上がり率ランキングの確認方法（マネックス証券）

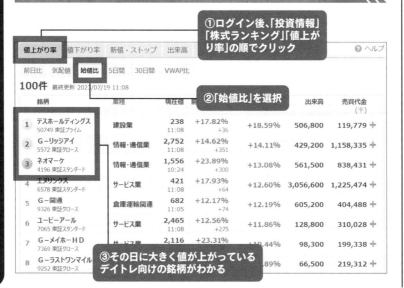

①ログイン後、「投資情報」「株式ランキング」「値上がり率」の順でクリック

②「始値比」を選択

③その日に大きく値が上がっているデイトレ向けの銘柄がわかる

	銘柄	業種	現在値			出来高	売買代金 （千）
1	テスホールディングス 50749 東証プライム	建設業	238 11:08	+17.82% +36	+18.59%	506,800	119,779
2	G－リッジアイ 5572 東証グロース	情報・通信業	2,752 11:08	+14.62% +351	+14.11%	429,200	1,158,335
3	ネオマーケ 4196 東証スタンダード	情報・通信業	1,556 10:24	+23.89% +300	+13.08%	561,500	838,431
4	エヌリンクス 6578 東証スタンダード	サービス業	421 11:08	+17.93% +64	+12.60%	3,056,600	1,225,474
5	G－関通 9326 東証グロース	倉庫運輸関連	682 11:05	+12.17% +74	+12.19%	605,200	404,488
6	ユービーアール 7065 東証スタンダード	サービス業	2,465 11:08	+12.56% +275	+11.86%	128,800	310,028
7	G－メイホーHD 7369 東証グロース	サービス業	2,116	+23.31%	+10.44%	98,300	199,338
8	G－ラストワンマイル 9252 東証グロース				+8.89%	66,500	219,312

値上がり率　値下がり率　新値・ストップ　出来高　　　❓ヘルプ

前日比　気配値　始値比　5日間　30日間　VWAP比

100件 最終更新 2023/07/19 11:08

大引け後・寄付前は
適時開示ランキングを確認

大勢の人が見ているIRは株価への影響が大きい

引け後に出る企業の材料（IR）は翌日の株価の値動きに影響する重要な情報。

自分の持ち株や狙っている銘柄に限らず、IR情報にひと通り目を通すことで、翌日にトレードする銘柄選びの参考になる。

ただし、材料が出た銘柄がすべて動くわけではない。

重要なのは注目度で、多くの投資家が関心を持つ材料ほど株価への影響も大きい。注目度や関心の高さを測る方法としては、日経電子版の適時開示ランキング（IR情報のアクセス数ランキング）の確認をおすすめする。

上位にあるものほど投資家の関心も高く株価への影響が上にも下にも大きくなりやすいといえる。

適時開示ランキングでIR注目銘柄を知る

適時開示ランキング　　　　　　　　　　　　　　　　　　　　　　　表の見方

1位～50位 | 51位～100位 | 101位～150位 🔒 | 151位～200位 🔒

※ 銘柄フォルダの利用には会員登録とログインが必要です。
注記：取引所を通じた開示速報です。ご利用前に必ず注意事項をお読みください。

更新：2024/4/25 10:51

1〜10位内の銘柄は注目度が高いため、株価への影響が大きくなりやすい

銘柄フォルダ	順位	証券コード	銘柄名	発表日	時刻	資料区分	発表内容
追加	1	7751	キヤノン	24/4/24	15:00	決算 1Q	2024年12月期 第1四半期決算短信[米国基準]（連結）
追加	2	6723	ルネサス	24/4/25	9:00	決算 1Q	2024年12月期 第1四半期決算短信[ＩＦＲＳ]（連結）
追加	3	6723	ルネサス	24/4/25	9:00	業績修正	業績予想に関するお知らせ
追加	4	6752	パナHD	24/4/24	15:30	業績修正	「連結通期業績予想の修正」に関するお知らせ
追加	5	9551	メタウォータ	24/4/24	15:00	決算 通期	2024年3月期決算短信[日本基準]（連結）
追加	6	9551	メタウォータ	24/4/24	15:00	その他資料	「剰余金の配当等の決定に関する方針」変更のお知らせ
追加	7	6723	ルネサス	24/4/25	9:00	追加訂正	2024年12月期第1四半期決算説明会資料
追加	8	6954	ファナック	24/4/24	15:00	決算 通期	2024年3月期 決算短信[日本基準]（連結）
追加	9	5344	ＭＡＲＵＷＡ	24/4/25	10:40	決算 通期	2024年3月期 決算短信[日本基準]（連結）
追加	10	6807	航空電子	24/4/24	15:00	決算 通期	2024年3月期 決算短信[日本基準]（連結）

日経電子版の適時開示ランキング（https://www.nikkei.com/markets/ranking/page/?bd=disclose）では、アクセス数の高い順に一覧で確認できる。

IR　　▶ 企業が株主に向けて発表する経営、財務、今後の見通しといった広報のこと。Investor Relationsの略

3つのランキングでトレンドの初動と継続を確認する

基本 lecture 047

ウルフ村田

ランキングで流動性の高い銘柄を見分ける

デイトレでは、多くの人がたくさん売買する流動性のある銘柄を選ぶ必要がある。流動性が高い銘柄を見分ける指標は「出来高」「売買代金」「ティック数」の3つがある。出来高とは、成立した売買の数量のこと。上昇トレンドが始まるとき、出来高が急増することが多い。売買代金とは、約定したときの価格と出来高をかけたもの。株価が活発に動く

と売買代金が増加するため、売買代金が大きい銘柄は上昇トレンド時において上昇の継続が期待でき、勢いがあることを示す。ティック数は、約定された回数のこと。ティック数が多いほど売り買いが交錯する人気銘柄であり、トレンド継続の勢いを図ることができる。

これらの特徴を用いて、出来高急増ランキングでトレンドの初動を、売買代金とティック数ランキングでトレンドの継続を確認しよう。

流動性の高い、銘柄ランキングを掲載してるサイト

ヤフー！ファイナンス

「株式ランキング」のページから「出来高増加率」「売買代金上位」を閲覧できる
(https://finance.yahoo.co.jp/stocks/ranking/tradingValueHigh?market=all&term=daily)

「出来高増加率」＝出来高ランキング
「売買代金上位」＝売買代金ランキング

株探

「本日活況銘柄」のページから「約定回数」を閲覧できる
(https://kabutan.jp/warning/?mode=2_9)

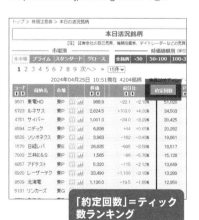

「約定回数」＝ティック数ランキング

応用 technique 048

前日に好材料が出た銘柄が翌日寄り天なら売り

藤本誠之

■ 好材料が出た時点で買い 翌日の寄付で売る

株探※では市場ニュースのページから銘柄の好悪材料を調べることができる。

原則、好材料なら相場の上昇、悪材料なら相場の下降の要因になると考えられている。そのため、上方修正や好決算などの好材料が出た銘柄は寄付で一気にGU（ローソク足の間に大きな間隔をつくって株価が上昇すること）する傾向がある。その

一方で、そうした銘柄をすぐに売りたがる投資家も多いため、寄り天になった後、そのまま下落していく可能性が高い。そのため、基本的に翌日の寄付が高値だったり、寄り天になっていたりしたら、そのまま売ってしまうといいだろう。

テクニック140で解説しているVWAPを併用することでより予測がしやすくなるので、ぜひ活用しよう。

※https://kabutan.jp/

好材料の銘柄は翌日上がりやすいが下がりやすい

[カゴメ（2811）　5分足　2024年4月26日〜5月1日]

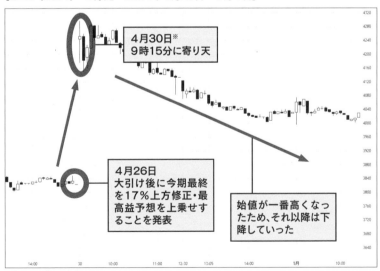

4月30日※
9時15分に寄り天

4月26日
大引け後に今期最終を17％上方修正・最高益予想を上乗せすることを発表

始値が一番高くなったため、それ以降は下降していった

※GWにより休みのため

株探 ▶ 個人投資家向け株式情報サイト。相場ニュースや決算速報、株価注意報など多面的に情報を提供している

株探の「株価注意報」で勢いのある銘柄を探す

デイでもスイングでも活用しやすい情報源

　株価情報を配信しているサイト「株探」では、上昇率やストップ安など、当日に動向のあった銘柄を項目別にまとめて掲載しているが、「株価注意報」のなかの「本日、年初来高値を更新した銘柄」は特に注目したい。

　年初来高値は、レンジ相場から上昇トレンドへの節目になることが多く、これを更新できるということは今後のトレンド転換への勢いがあるということ。チャートなども併せて確認できるため、ボックス相場からのブレイクアウトしているような銘柄に短期目線で翌日以降についていくことができる。

年初来高値を突破した銘柄は上昇への勢いがある

レンジから上昇トレンドへの節目になる可能性があるため、チャートなども併せてチェックしよう

本日、年初来高値を更新した銘柄（一時更新も含む）									
コード	銘柄名	市場		株価	前日比		ニュース	PER	PBR	利回り
1349	アジア債券	東E		16,180	+15	+0.09%	NEWS	–	–	–
1430	1stコーポ	東S		868	-6	-0.69%	NEWS	8.4	1.24	3.57
1446	キャンディル	東S		600	0	0.00%	NEWS	24.1	2.05	1.33
176A	レジル	東G		1,172	+32	+2.81%	NEWS	11.9	3.07	2.56
1572	H株ブル	東E		4,049	+69	+1.73%	NEWS	–	–	–
1687	WTアグリ	東E		956.6	+2.9	+0.30%	NEWS	–	–	–
1688	WT穀物	東E		607.2	+3.1	+0.51%	NEWS	–	–	–
1695	WT小麦	東E		3,845	+95	+2.53%	NEWS	–	–	–
1766	東建コーポ	東P		10,760	+60	+0.56%	NEWS	21.8	1.23	2.32
1928	積水ハウス	東P		3,614.0	-3.0	-0.08%	NEWS	11.5	1.33	3.46
2013	IS米高配当	東E		228.4	+1.3	+0.57%	NEWS	–	–	–
2031	ハンセンブル	東EN		4,475	+85	+1.94%	NEWS	–	–	–

株探の本日、年初来高値を更新した銘柄(https://kabutan.jp/warning/?mode=3_3)。

寄り天　▶ その日の株価において、始値が一番高くなったときのこと。寄り天井とも呼ぶ

原油高騰時は
原油ETFに投資する

■ 石油開発や資源関連銘柄にも
■ 注目しておこう

原油価格の変動は日本経済に影響を与える。

例えば、2022年には、コロナ禍の影響とロシアのウクライナ紛争により原油価格が急騰していた。2023年に入って原油高の価格高騰は落ち着いたが、2022年のように原油価格が上昇したときは、消費者の負担が増加する一方で、旅行など娯楽の消費が減り、経済全体の縮小につながる。そして景気が悪化すれば、株価の大幅下落が想定される。つまり、原油価格と株価は反対の動きをするといえるだろう。

このような状況から、原油価格の上昇が見込まれる場合は、原油価格に連動するように計算された原油ETFを買うことで資産の防衛ができる。また、石油開発など資源関連銘柄を買うことも得策だろう。

原油価格高騰に連動して上昇する原油ETF

[WTI原油価格連動型上場信託(1671) 週足 2023年1月～2024年4月]

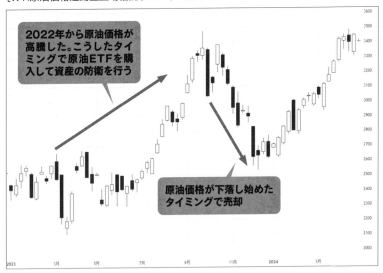

2022年から原油価格が高騰した。こうしたタイミングで原油ETFを購入して資産の防衛を行う

原油価格が下落し始めたタイミングで売却

ETF ▶ 日経平均株価などの株価指数の動きへの連動を目指した投資信託のうち、上場しているもの

ストップ高銘柄に乗るための リストをつくる

■ 材料優先で判断に迷ったら リストを作成する

株式相場に上場している銘柄は3000社以上あり銘柄選択に迷いがちだが、デイトレにおいて最も重要な「売買が盛り上がっている銘柄」で絞ると意外と選択肢は少なくなる。そのときどきによって注目される銘柄は異なるが、銘柄選定においてまず優先するのが、「前日（前々日）ストップ高銘柄（自社株買い・分割買いを除く）」だ。投資家のV_

VROOM氏は、そこから出来高がかなり減っていたり、全体で見ると株価が下がっている銘柄を除いたリストをまず作成するのだという。

投資は美人投票であり、ストップ高はそうした盛り上がっている銘柄を端的に示す指標になる。材料優先で銘柄選定の判断に迷う場合に取り入れてみるとよいだろう。

売買が盛り上がっている銘柄を絞る方法

前日（前々日）のストップ高銘柄に注目

▼

大幅に出来高が減っている銘柄、全体的に見て株価が下がっている銘柄を除く

▼

売買が盛り上がっている銘柄が残るためその銘柄を選択する

材料優先で判断に迷ったときは、売買が盛り上がっている銘柄を取り入れてみるとよいだろう

3月・9月以外の決算銘柄で
上昇する銘柄を探す

配当や株主優待の
決算月を確認する

　決算期前の銘柄を狙う手法を紹介する。決算期というと、3月や9月ばかりをイメージする人が多いが、企業によっては2月決算や6月決算もあれば、ほかの月の場合もある。

　国税庁の調査によると、企業の決算月は3月が54万社超となり最も多く、次いで多いのが9月で29万社ほどである。しかし、ほかにも12月決算が24万社ほど、6月決算が25万社ほどあり、決算に伴う上昇を狙える月は3月9月だけではないことがわかる。

　ダイヤモンドシステムの「決算月決算日一覧検索」を使うと、配当や株主優待の決算月を一覧で確認することができる。テクニック043などと合わせて3月9月以外でも決算銘柄を狙っていこう。

決算日を一覧で見る

決算日が3月・9月以外でも、決算を行っている企業がある

コード	銘柄	東証区分	決算日	情報等
	決算月:4月　東証区分:指定なし　業種:指定なし　該当数:40件［1～20件目］			
4750	ダイサン	スタンダード	4月20日	株価
1436	フィット	グロース	4月末日	株価｜優待
1766	東建コーポレーション	プライム	4月末日	株価｜優待
2294	柿安本店	プライム	4月末日	株価｜優待
2438	アスカネット	グロース	4月末日	株価｜優待
2593	伊藤園	プライム	4月末日	株価｜優待
2751	テンポスホールディングス	スタンダード	4月末日	株価｜優待
2910	ロック・フィールド	プライム	4月末日	株価｜優待
2923	サトウ食品	スタンダード	4月末日	株価｜優待

ダイヤモンドシステムの決算月・決算日一覧検索(https://kabu.hikak.com/)。

米国株の売買をするなら SNSからも情報を集める

基本 lecture 053

JACK

YouTubeやブログの解説も頼りにする

デイトレにおいては、個別の業績なども精査しつつ「動きのある相場」に参加することが重要だ。その意味では、売買する対象を日本株だけにこだわる必要はない。特に米国株は、売買のシステム面でもネットを介した注文であれば国内株の取引とそん色なく行うことができ、長期に渡って相場が上昇傾向にあるという点も魅力的だ。

ただし、米国株であっても投資判断においては業績などのファンダメンタルズを参考にする必要がある。大企業ならまだしも、米国内の小型株については決算書を読み込まなければスケール感などを判断しにくく、言語的ハードルも高い。その際に、米国株ならではの特徴や、リアルタイムの人気ランキングなどを解説する投資家や現地日本人などのYouTubeやブログを頼りにするのもよい。

YouTubeから有力情報を得る

YouTubeチャンネル「たぱぞう投資大学」(https://www.youtube.com/@tapazou29/featured)。

YouTubeチャンネル「たぱぞう投資大学」では米国株を中心に動画をアップロードしている

基本
lecture
054

株主優待を新設する銘柄は
業界とIRで判断する

JACK

■ 飲食小売業は
優待制度を新設しやすい

これまで株主優待を行っていなかった企業が優待を新設する場合、該当企業の株価にとって基本的には好材料となる。そのため、デイトレにおいても優待新設発表前に目星を付けておくことができればチャンスになる。すべての企業に当てはまるわけではないが、優待新設の判断材料はいくつかある。

まず、飲食業界や小売業界に属す

る企業は、自社商品や割引券として優待制度をつくりやすいため、把握しておく必要がある。特に周辺企業が優待を出しているなか、該当企業だけが優待を出していない場合は、将来的に新設される可能性がある。

2つ目は株主総会やIRで新しい情報を確認する方法だ。優待新設に前向きな企業であれば、株主総会における質問やIRに直接聞いた場合でも、「検討しています」といったように否定されることは少ない。

優待新設で株価が伸びる

［扶桑薬品工業（4538）　日足　2024年1月〜4月］

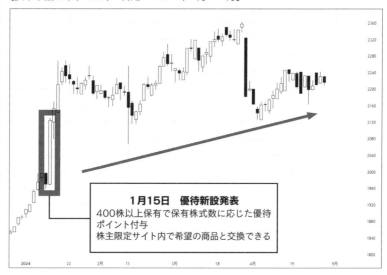

1月15日　優待新設発表
400株以上保有で保有株式数に応じた優待ポイント付与
株主限定サイト内で希望の商品と交換できる

好決算を折り込んだ
銘柄に投資する

■ 決算発表の1〜3カ月前 から折り込むことが多い

決算発表前に、決算に伴う株価上昇に乗ることを目的に買いを入れるとよい。

スター・マイカHD（2975）は3月31日に決算発表があり、決算発表月の3月はじわじわと株価が上昇している。最高益予想を上乗せする業績好調に伴い、翌日4月1日は窓を開けて大きく上昇した。

スイングを狙って3月頭に買い、

天井を迎えた4月頭に売れば、決算前の上昇で利益を得ることができる。多くの場合、決算発表の1〜3カ月前から折り込むことが多い。今から1〜3カ月後に決算発表を行う企業に注目し、決算内容が期待できる銘柄を狙うとよいだろう。

ただし、好決算を折り込み上昇していたが、決算内容が期待に沿わなかったことで、決算発表後に株価がしぼんでいくこともある。その場合は、早期に手放す必要がある。

短期で決算銘柄を狙う

［スター・マイカHD（2975）　日足　2022年3月〜4月］

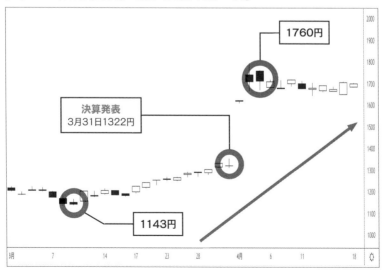

基本 lecture 056

大株主が入れ替わった銘柄は必ずチェックする

海外政府が大株主として名を連ねることもある

四季報やIR情報で「投資株主」の欄を見た際はまず、前回号と比較してこれまでいなかった投資家や政府が名を連ねているかどうかに着目するとよい。

例えば近年ではフィデアHD（8713）、池田泉州HD（8714）などの地方銀行銘柄にノルウェー政府が大株主として名を連ねている。地方銀行再編の動きがあるなかで、中長期的な価格上昇を見越したことや、また金融緩和下での業績悪化に伴って配当利回りが上昇したことで、投資先として選ばれたと考えられる。

多額の資金を投じる大株主に信頼できる企業や機関の名があれば、投資先の企業も信頼できるといってよいだろう。

大株主ランキングで有力投資家を知る

Ullet（https://www.ullet.com/）では、銘柄の大株主や保有金額などを確認できる。

四季報やIR情報で「投資株主」を調べたとき、以前いなかった投資家や政府がいないか注目する

▶ 大株主に信頼できる企業や機関の名前があったら、その投資先の企業も信頼できる

ノルウェー政府 ▶ ノルウェー銀行の傘下として1990年に設立された政府系ファンド。正式名称は「ノルウェー政府年金基金」。運用残高は180兆円を超える

アクティビストが
注目する銘柄は買い

JACK

保有株主割合が
増加したら狙い目

アクティビストが保有する銘柄は暴騰する可能性が大きい。特に保有株主割合が増加している場合は、アクティビストが勝負に出ている証拠なので、注視しておきたい。

最近では建設関連にアクティビストの注目が集まっており、シティインデックスイレブンスの保有する大豊建設（1822）や東亜建設工業（1885）、エフィッシモ・キャピタ

ル・マネジメントの保有する不動テトラ（1813）などが例として挙げられる。

こうした保有株主割合は、日本証券新聞などで特集が組まれることが多いので、チェックしたい。日本証券新聞を利用してお得に情報収集したいなら、テクニック000を参照。

保有株主割合の変化を確認する

決算期	個人	法人	外国	金融	証券	政府	情報開示日
第70期 平成27年3月31日末	9.4	19.4	40.1	29.7	1.4	0.0	2015/06/17
第69期 平成26年3月31日末	7.7	21.4	39.0	31.3	0.6	0.0	2014/06/17
第68期 平成25年3月31日末	7.1	22.4	35.6	34.1	0.6	0.0	2013/06/21
第67期 平成24年3月31日末	12.4	21.8	30.0	35.3	0.5	0.0	2012/06/15
第66期 平成23年3月31日末	12.5	21.9	29.4	35.8	0.4	0.0	2011/06/17

株主プロ（http://www.kabupro.jp/）で保有株主割合を確認できる。

アクティビスト ▶ 株主としての権利を積極的に行使し、企業価値向上のため、さまざまな提言などを行う投資家

基本
lecture
058

権利日に向け２〜３カ月前から先回りしておく

JACK

あらかじめ株価の上昇を見越して買っておく

「株主優待の人気銘柄は権利付き最終売買日に向けて株価が上昇しやすい」という傾向を利用してトレードに活用する場合、あらかじめ株価の上昇を見越し先回りして買う方法もある。

目安としては権利日から遡った、２〜３カ月前だ。優待銘柄のこのような傾向は相場において広く知られており、高値掴みをしたくない投資家は、あらかじめ権利日付近の株価上昇を見越して先回りして買い始める。

銘柄によって動きが出始めるタイミングには差があるが、おおよそ権利日から２〜３カ月前が目安となる。この動きに合わせて仕込んでおくと、権利日付近の上昇によるキャピタルゲインを取ることができる。

権利確定日前の上昇

[タマホーム(1419)　日足　2023年3月〜6月]

買収防止のために出される「特配」はボーナス

基本 lecture 059

yasuji

通常の配当の
3倍になるケースもある

「特別配当（特配）」とは、通常の配当とは別に、一時的に上乗せされる配当のこと。基本的には決算が良好な場合に行われるが、買収合併される（または懸念される）企業が買収防止のために特別配当を出すケースもある。

例えば、2021年12月、愛知県に本店を構える中京銀行と愛知銀行の経営統合が発表された。その後、

中京銀行では2022年9月末時点で株式名簿に掲載される株主に対し、1株あたり141円の特別配当が行われた。中京銀行の通常の配当は、2022年3月期で55円。また、前期である2021年3月期では40円だった。つまり、特別配当は通常配当の3倍の額を受け取れる、いわばボーナス。

特別配当の発表は、日本取引所グループの適時開示情報閲覧サービス（TDnet）で閲覧できる。

「特配」が出る銘柄の探し方

TDnet（https://www.release.tdnet.info/inbs/I_main_00.html）の画面。適時開示情報閲覧サービスにて、特別配当を出している銘柄を探すことができる。

応用 technique 060

優待先回り投資は分散して
トータルで勝つ

JACK

資金の振り分けで
利益を出す可能性を上げる

優待先回り投資を行う際には、分散買いも合わせて行うと、より手堅いトレードができる。

例えば資金が100万円あったとして、過去数年、先回り投資を行い、その勝率が80%だとしても、1銘柄だけにすべての資金を注ぎ込むのは、失敗したときに大きな損失となる。そのため、複数の優待銘柄をあらかじめピックアップしておき、そ

こから過去数年の勝率が70〜80%以上の銘柄に絞り込み、分散して先回り投資しておけば、1銘柄が失敗しても、資金全体で利益を出せる可能性は、かなり高くなる。

優待月やそれぞれの資金量で、どの程度分散するかは異なるが、3銘柄以上を目安に分散しておくとよい。

優待の検索サービスを活用

楽天証券の株主優待検索(https://www.rakuten-sec.co.jp/web/market/search/hp_search/index_search.html)では、銘柄名・コード、優待内容、権利確定日などから優待銘柄を検索できる。

権利落ち日 ▶ 権利付き最終売買日の翌営業日のこと。株主権利を得るためには、この日までに株主名簿に記載されている必要がある

応用
technique
061

権利落ち日は無配当銘柄に
投資妙味がある

無配当銘柄は先物買いの
インパクトが出やすい

権利落ち日には、無配当銘柄が比較的買われやすい傾向がある。

高利回り銘柄などは権利落ちの影響が大きいが、権利付き最終売買日や権利落ち日には、機関投資家による配当権利落ち分の再投資が先物に入り、全体相場に資金が入りやすい。

一方で無配当銘柄は権利落ち分がなく、先物買いによるプラスのイン

パクトがもたらされることになるため投資妙味がある。

権利付き最終売買日に向けての銘柄選びとしては、無配当銘柄買いも一考といえる。

無配当銘柄を調べる際は、配当利回りの項目が0％のものを探すとよい。

無配当銘柄で権利落ち日以降も上昇が続く

［楽天グループ（4755）　日足　2023年12月〜2024年4月］

12月末に権利確定

権利落ちによるインパクトはないが、株価の上昇は続いている

権利付き最終売買日　▶　保有することで配当金や株主優待などの株主権利を得ることができる最終取引日のこと

周年記念の銘柄を先回りして買う

JACK

検索・IR担当者への質問で事前に調査

創業〇周年を迎える、いわゆる「周年記念」の企業は、記念の優待や配当を出すケースがあるため狙い目だ。手順は、事前に周年記念企業を検索エンジンなどで調べ、100株だけでも買っておく。実際に記念優待や配当の配布が行われれば優待・配当を受けられる。

さらに、記念配当・記念優待が正式に発表されると注目を集め、株価が上昇する可能性があることから、キャピタルゲインも狙える。特に、業績がよい企業は株価が落ちにくいのでおすすめだ。

ただし、すべての周年記念がこうした記念配当・記念優待を出すわけではない。そのため、IR担当者へ、周年を迎えるにあたっての意気込み等の見解を尋ねるとよい。正式発表前に「記念優待・配当を出します」と断言されることはないが、口調などからヒントを探ろう。

2024年、2025年に周年を迎える主な企業

2024年

周年	企業	業種
150周年	西松建設(1820)	建設業
100周年	ブルボン(2208)	お菓子メーカー
100周年	ダイキン工業(6367)	空調機器メーカー
60周年	テレビ東京HD(9413)	テレビ局
50周年	キーエンス(6861)	電子機器メーカー

2025年

周年	企業	業種
100周年	野村HD(8604)	証券業
100周年	日本ヒューム(5262)	コンクリート製品製造業
150周年	島津製作所(7701)	精密機器メーカー
50周年	カンセキ(9903)	ホームセンター

応用 technique 063
記念優待銘柄で貸株を行うと
自動優待取得が働かない恐れあり

返却の手続きを経てはじめて
記念優待を受け取れる

テクニック062と関連して、企業の周年などに合わせて配布される記念優待を得るためには、貸株に注意したい。

通常であれば、貸株の申し込み手続きにて自動優待取得などの設定を行えば、その後は手続きをせずに優待を受け取ることができる。

貸株の返却は東洋経済新報社の株主優待情報をもとに行う証券会社が多いが、記念優待に関する情報は株主優待情報では公開されていない。そのため、記念優待の時期であっても貸株が返却されることはない。

貸株している銘柄に記念優待がある場合は、返却してもらうための手続きを改めて行う必要があるので注意してほしい。

基本 lecture 064
値がさ株を単元未満で買い
株式分割後の上昇を狙う

JACK

株価上昇に乗るために
単元未満株で仕込むのも一手

1株2万円以上など、株価水準が相対的に高い銘柄は値がさ株と呼ばれる。そうした銘柄は、買いのハードルを下げるために「株式分割」を行うことがある。例えば1株3万円の銘柄が2分割される場合、分割後の株価は1株1万5000円となり、発行済み株式数は2倍になる。

こうなると資金の少ない投資家でも明らかに買いやすくなるため、新規参入者が買いを入れ、株価が上昇するケースが多い。そのため、値がさ株が分割されたときは、それに乗って買っておくのがおすすめだ。

また、分割されるよりも前に単元未満株で買うのも一手だ。分割が発表された直後は買い気配で始まることが多いため、単元未満であらかじめ買っておくことで初動に乗れて、利益を確保しやすいのだ。

貸株　　　▶ 保有している株をほかの投資家に一時的に貸すこと

決算までの進捗率を見て
上方修正の瞬間を狙う

▌第1四半期で進捗率が高い銘柄は上昇可能性あり

第2四半期や第3四半期決算の発表時期には、年度の業績予想の達成度合いや進捗率が注目される。

例えば、「株予報Pro」というサイトでは各銘柄ごとに業績の進捗を確認することができる。下図のように、業績の実績を棒グラフ、業績の会社予想を表す点グラフで進捗が一目でわかる。この機能を使って、進捗率の大きい銘柄を探そう。

こうした銘柄に短期で参戦するには、上方修正のタイミングを狙うようにしよう。例えば第1四半期で進捗率の高かった銘柄をスクリーニングしておき、第2四半期決算発表の少し前に買う。第2四半期でも業績好調が確認され、うまくいけば上方修正される可能性があるからだ。第1四半期で好業績を受けて買われ、その後横ばいが続いている銘柄なら買いに適しているだろう。

株予報Proで業績の進捗を確認

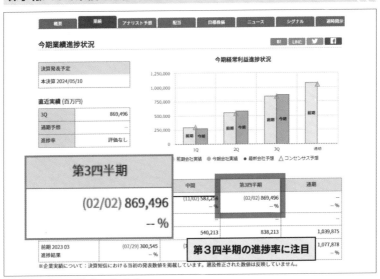

株予報Pro（https://kabuyoho.jp/）。

国内の中堅証券会社のレーティングに注目する

大手のレーティングは売り推奨銘柄の格上げに注目

金融機関のブローカーが5段階で企業の推奨度合いを評価する株価レーティングは、公開されるため株価の反応は強まりやすい。なかでも、最近は国内の中堅証券のレーティングに関心が集まっている。というのも、対象銘柄は海外投資家の売買に振り回されにくい小型株が多いほか、支店での営業推進などにそれらのレーティングが使われてることも多く、そうした影響が表面化しやすいとも考えられるためだ。

仮に、当日、急騰した後に急失速するような銘柄でも、レーティング次第で翌日以降の早い段階で盛り返すような状況も多く見受けられる。また、例えば「売り推奨」とレーティングされている銘柄が格上げされると、単純にショートカバー（空売りからの買い戻し）につながるため、投資妙味がある。

レーティングの例

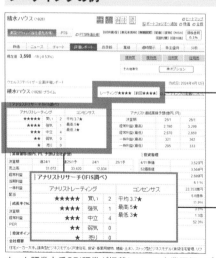

現在のレーティングが5段階評価で表示される。前回のレーティングも後ろに表示されるため、売り推奨（★がひとつで売り、★が5つで買い）からの格上げなどに注目

レーティングの内訳。この例の場合は15人中2人が買い推奨の格付けを行いかなり中立となっている

ネット証券大手SBI証券が掲載している企業評価レポートのページ。格付け会社のウエルスアドバイザーが提供しており、レーティングやアナリストの業績予想などのレポートを閲覧することができる。画像は積水ハウス（1928）のページ。

空売り ▶ 株式を証券会社から借りて売り、その後、決済日までに買い戻して、株式を返却する。その際に発生する差額で利益を狙う取引のこと

高配当株は配当４年分の
含み益が出たら利確

JACK

長く持つより配当利回り分の 上昇で売る考え方

高配当株を売るタイミングに正解はないが、私の場合、株価が上昇して配当金４年分の含み益が出たら利益確定するようにしている。

長期的に銘柄を保有すれば、相場が変化して株価が大きく下がる可能性が高くなるためであり、相場が変化するまでの年数として４年を目安にしている。

例えば、配当利回り５％の株を

10万円で買ったとき、４年分の配当金は5000円×４年＝２万円に相当するため、株価が２万円分上昇したら売却してキャピタルゲインを獲得するということだ。この先も株価が上がり続ける可能性もあるが、高配当銘柄はほかにもたくさんあり、別の銘柄を買えばいいだけなので特に問題はない。むしろ、保有し続けたせいで含み益が消えてしまうことのほうがもったいないため、深追いはしないほうが賢明である。

高配当株の売買例

[サンネクスタグループ（8945）　日足　2021年12月〜2022年９月]

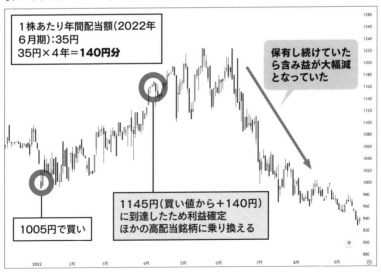

１株あたり年間配当額（2022年６月期）：35円
35円×４年＝**140円分**

保有し続けていたら含み益が大幅減となっていた

1145円（買い値から＋140円）に到達したため利益確定
ほかの高配当銘柄に乗り換える

1005円で買い

コンサル事業者の投資する
IPO銘柄に注目する

株主がコンサル上場企業2社の場合IPOは騰がりやすい

株主は、基本的に創業者や、従業員・役員、取引先などが多いが、そのなかでも、ベクトル（6058）とリンクアンドモチベーション（2170）の上場企業2社が株主であれば株価が騰がりやすくなる。

ベクトルは企業PRがメインビジネスの企業、自社のクライアントのなかで、PRを担当して有望な商品・サービスをもつ企業に自己資金で未公開株に投資を行っている。実際に自社でPRして手ごたえを感じている商品・サービスだからこそ投資することで、大きく成長する可能性が高いといわれている。

また、リンクアンドモチベーションは、組織・人事・IRなど経営コンサルティングを行っており、コンサルティング先で有望な企業に投資している。

コンサル上場企業2社が株主のIPOに注目

[Branding Engineer（7352）　日足　2020年7月〜2023年5月]

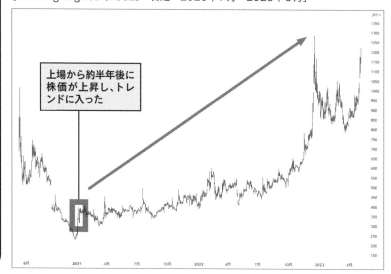

上場から約半年後に株価が上昇し、トレンドに入った

IPO　　▶ 未上場企業が、株式を証券取引所に上場し、投資家に株式を売り出すこと

直近IPOで公募割れ銘柄には
お宝が隠れている

JACK

キャッシュリッチな
銘柄が狙い目

IPOをよく見ると、お宝銘柄が埋もれていることがある。

2022年3月にスタンダード市場へ上場したセレコーポレーション(5078)は、今期末の1株あたり純資産が5500円を超え、公開価格の1900円で割るとPBRは1倍割れの0.34倍となり、かなりのバリュー株ということがわかる。さらに、子会社の売却益として特別利益が160億円計上されるとかなりキャッシュリッチな企業となり、アクティビスト(物いう株主)の注目も集める可能性が高い。地合いの状況で初値は悪い銘柄でも、よく見るとお宝のような銘柄がある。特に株価が公募価格を上回らない水準であれば、中期投資における絶好の買い場となるだろう。

セレコーポレーションの銘柄情報

出所:株探のサイト 株探(https://kabutan.jp/)では銘柄情報が確認できる。

バリュー株 ▶ 本来の企業価値と比較すると株価が安く放置されている銘柄。割安株ともいう

IPO銘柄に応募して公開時に売る

当選したら
まず売り逃げる

IPO銘柄は、大きく2つの値動きに分けられる。

① 最初が高値でその後は下がり続ける銘柄

② 最初が安値でその後上がっていく銘柄

近年は、①の傾向が多い。そのため、IPOに当たった場合はすぐに売り、公開価格と初値の差で儲けを出すのがよい。

例えば2021年2月に上場したCaSy (9215) は、公開価格が1350円に対し、初値は2001円を付けた。同社の値動きは、最初が高値でその後は下がり続けるという①の特徴があるため、CaSyは当選後すぐに売るべきIPO銘柄の典型例といえる。

IPO銘柄に注目しながら、当選した場合はまず、売り逃げることを考え、確実に利益を得られる手法をとるのがおすすめだ。

最初が高値でその後急落

[バリュークリエーション(9238) 日足 2023年11月〜2024年4月]

初値：1545円

944円

基本 lecture 071

上場後２カ月～半年の IPO銘柄を狙う

価格が横ばいの間に
買いを入れる

IPO銘柄の特徴として、一度下がると２カ月から半年ほど下がり続け、その後安値のレンジ相場に入ることが多い。特に近年のIPO銘柄は最初が高値でその後は下がり続ける傾向にあるため、上場後２カ月～半年の価格を売買判断の目安にするとよいだろう。

例えばテクノロジーズ（5248）は、2023年２月の初値から下降トレンドになり、４月に底を迎えている。その後、2023年12月までは安値でのレンジ相場となっている。この期間のレンジ相場で買っておくと、12月下旬に迎えた高値で利益につなげることができる。

デイトレでは特に「上場後２カ月～半年のレンジ相場にあるIPO銘柄」を選ぶと利益につなげやすいのだ。

IPO銘柄の急騰に備える

[テクノロジーズ(5248)　日足　2023年1月～12月]

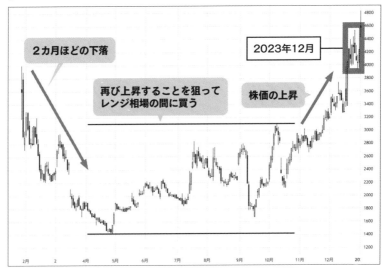

応用 technique 072 公募増資の受け渡し日は後場まで待つ

JACK

誰もが売買したい時間を避ける

すでに上場している企業が新たに株式を発行して売り出すことをPO（公募増資）という。このPO株は受け渡し日の朝から売却や注文が可能だが、後場まで待つ、または1日様子を見てから売ったほうがよい。

すべての銘柄があてはまるわけではないが、特に格付けの高いREITで、信用取引の売りができるような銘柄は、後場まで待ってから売るとよい。格付けの例としては、ケネディクス・レジデンシャル・ネクスト投資法人（3278）は、債務履行の確実性の高さから日本格付研究所によってAA－（高い格付けの一種）が付けられている（2023年7月時点）。受け渡し日の朝は多くの投資家が一斉に売りに出すことが予想されるため、そこが底値になることも多い。「誰もが売りたい（買いたい）時間」を避けて少し我慢することで利益につなげられるのだ。

格付けの高いREITのPO株受け渡し日の株価

[ケネディクス・レジデンシャル・ネクスト投資法人（3278） 45分足 2022月2月25日]

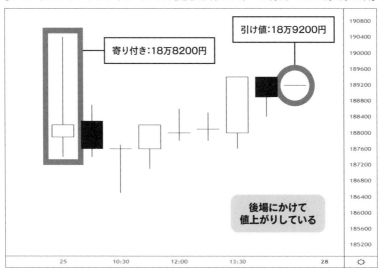

| REIT | ▶ 不動産投資のうち少額から投資できる制度 |

TOBは事前の予測が難しいため「噂の程度」に注目

JACK

突如発表されるため予測するのは難しい

企業を買収する手段のひとつであるTOBは、一般に発表されると株価上昇の材料となる。2024年2月6日、KDDI（9433）がコンビニ大手のローソン（2651）に対し、TOBを実施すると発表した。

発表後、ローソンの株価は急上昇し、1万円近辺まで株価が上昇した。実際にTOBが行われるのは2カ月近く先のことだが、相場には好材料として捉えられた。

TOBは大きく相場が動く要因のひとつだが、情報は突然発表されるため、事前に動きを予測してトレードするのは難しい。特に敵対的TOBの場合、双方の最終的な合意が行われるまでに時間がかかるケースが多いため、株価が下落したときに買い集めておくのもひとつの手だ。

TOBの報道により株価急騰

[ローソン（2651）　日足　2024年1月～3月]

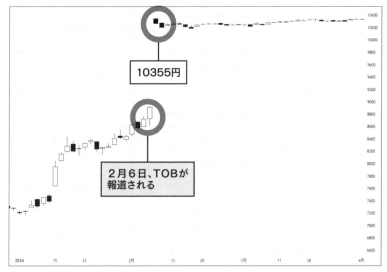

10355円

2月6日、TOBが報道される

TOB ▶ 企業の買収や子会社化のために、上場企業が他上場企業の発行する株式を、通常の相場外で一括して買い付けること

基本
lecture
074

市場変更銘柄や新規上場銘柄は株価が上昇しやすい

■ 市場変更はポジティブに受け止められることが多い

日本には東京、名古屋、札幌、福岡の４つの証券取引所がある。さらに、東証は、プライム、スタンダード、グロースの３つの市場に分かれており、それぞれ上場基準が異なる。これらの市場間では、一定の基準を満たすことで、市場を変更することが可能だ。

審査基準の厳しさは、プライム＞スタンダード＞グロースの順となっている。市場変更できるということは、厳しい審査基準をクリアしたと評価され、投資家からポジティブに受け止められる傾向にある。

特に、プライム市場への新規上場銘柄は、上場日の翌月最終営業日にTOPIX（東証株価指数）に組み入れられる。TOPIXをベンチマークとして運用されている多くの投資信託などに組み入れられる可能性があるため、需要が高まり、株価が上昇しやすい傾向がある。

市場変更の影響で株価が上昇する

[ビジョナル(4194)　4時間足　2023年12月〜2024年1月]

信用買い残の多い銘柄は買いを控える

信用買い残が多いと株価は上がりにくい

ファンダメンタルズでよいグロース株（成長株）を見つけたとしても、保有期間が短すぎると大きな利益にはつながらない。効率よく利益を得るためには、保有を続けるとよい株と、続けないほうがよい株を選定していく必要がある。「時価総額に対して信用買い総額がどれくらいあるか」はその判断材料になる。

信用買いの株（制度信用）は6カ月で返済しないといけない。そのため、信用買いをしている投資家は少しでも上がったらすぐに売り抜ける傾向にある。すると、短期間の小さな値動きで売買が行われるため、株価が上がりにくくなる。信用買いが多い株を買っても、利益にはつながりにくいということなのだ。

そのため、大型株の場合、時価総額に対して、信用買いの総額が5～10%であったら保有期間を短くしたほうがよいだろう。

信用買い残ランキング

株探にプレミア登録すると、時価総額別に閲覧することができる

信用買い残の増加ランキング

市場別 ｜ 全市場 ｜ プライム ｜ スタンダード ｜ グロース

時価総額別（単位：億円）｜ 全銘柄 ｜ -50 ｜ 50-100 ｜ 100-300 ｜ 300-1000 ｜ 1000-

1 2 3 4 5 6 7 8 9 次へ＞ 》 15件▼ 　株価更新

株価：2024年04月25日 16:00現在 　株価20分ディレイ →リアルタイムに変更

信用残：2024年04月19日現在 2074銘柄

コード	銘柄名	市場	株価	前日比		出来高	信用倍率	買い残	対前週増加幅
9432	NTT	東P	169.4	-1.6	-0.94%	164,722,700	55.37	236,520,100	+11,603,700
4755	楽天グループ	東P	737.8	-29.0	-3.78%	22,404,100	5.97	39,975,000	+3,856,100
6526	ソシオネクス	東P	3,994	-131			39.05	19,598,000	+3,670,800
2563	iS米国株H	東E	293.8	-3.1	信用買い残		47.20	5,797,000	+3,378,920
7203	トヨタ	東P	3,497.0	-121.0	-3.34%	27,833,100	6.34	14,440,900	+2,344,800
7201	日産自	東P	546.7	-9.4	-1.69%	39,864,800	31.62	43,303,600	+2,256,300
8306	三菱UFJ	東P	1,551.5	-18.5	-1.18%	35,517,800	22.99	75,370,100	+2,241,700
1570	日経レバ	東E	26,705	-1,125	-4.04%	5,484,206	3.71	4,601,508	+2,155,931

出所：株探のホームページ

制度信用　▶ 信用取引のひとつ。返済期限が6カ月で、取引所の規則により逆日歩（品貸料）が決められている

小型株の空売りは
リスクが大きい

ウルフ村田

リスク大

空売りをするなら
仕手筋の影響が少ない大型株

　時価総額が1000億円以下の銘柄は一般的に小型株と呼ばれる。小型株は、時価総額が小さいため好材料が発表された銘柄であれば、大型銘柄とは違い短期で2倍、5倍、10倍と大きく株価が上昇しやすいため、順張りで大きな利益を狙える。

　ただし、小型株での空売りはリスクとリターンが見合っていないため、初心者は安易に行ってはいけな

い。時価総額が小さい銘柄は、資金力が豊富な大口筋によって株価の流れが左右されやすいためだ。株価が下落トレンドに入ったと考えて空売りを入れたとしても、実は大口筋が売りを誘っているだけで、その後株価が上昇するというケースがあるのだ。ファーストリテイリング（9983）のような時価総額の大きな大型株では大口筋の影響を受けづらいため、空売りを行う際は価総額の大きな銘柄を選ぶとよいだろう。

小型株で空売りを行うリスク

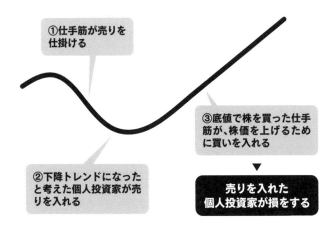

①仕手筋が売りを仕掛ける

③底値で株を買った仕手筋が、株価を上げるために買いを入れる

②下降トレンドになったと考えた個人投資家が売りを入れる

**売りを入れた
個人投資家が損をする**

仕手筋　▶ 投機的な売買を繰り返すことで株価を操作する投資家、投資家グループ

株価を戻しやすい
信用銘柄でデイトレ

空売りができない銘柄で
デイトレをする

個人投資家がデイトレを行うなら、制度信用で空売りができる貸借銘柄ではなく、信用買いしかできない信用銘柄を狙うと勝ちやすい。一般信用では空売りができるケースがあるとはいえ、大口の個人投資家などからの「売り崩すような制度信用での空売り」が出にくいのだ。このため、押し目形成時には、通常の利食い売りが一巡すれば株価が戻りや

すい。このことから、利益を得るチャンスが多いといえる。

大型株は資金量の大きな機関投資家がメインプレーヤーのため、小型株と異なり、海外市場の動向やインデックス売買などの影響を大きく受けるうえ、株価変動率が小さいため、少額資金の個人にとってデイトレの対象には向いていない。こうした理由から、デイトレの際には株価変動率の大きい新興銘柄で、かつ、信用銘柄を選ぶとよいだろう。

売り方の圧力が小さい信用銘柄

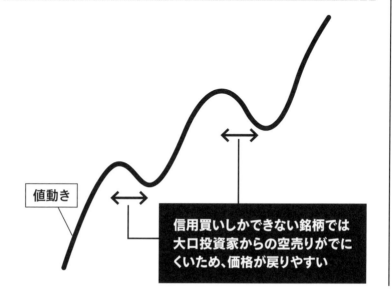

値動き

信用買いしかできない銘柄では大口投資家からの空売りがでにくいため、価格が戻りやすい

信用銘柄　▶ 制度信用銘柄のうち、証券会社が証券金融会社から株券を調達できないため売り建てができない銘柄のこと。買い建て・売り建てどちらも可能なものは貸借銘柄と呼ばれる

売りから入る銘柄は信用倍率と デッドクロスで判断する

ようこりん

信用取引の残量から 株価の傾向を読む

　信用倍率とは、「信用買い残÷信用売り残」という式で算出される数値で、単位は「倍」で表される。信用倍率が1倍以上であれば、株価が下落する可能性が高い。

　下図は、ファーストリテイリング（9983）のチャートだ。チャートの前半では上昇トレンドが形成され、売りに向いている状態ではない。また、上昇トレンドを形成していた期間の信用倍率は、0.5倍を切っていた。しかし、その後は下降トレンドへ転換。信用倍率が1倍〜2.6倍の間を推移するようになった。また、長期線が中期線を下回る「デッドクロス」が発生しており、下降トレンドの明確なサインが現れたことで下落が大きく下落。このように、売りを行う銘柄を決める際は「信用倍率」と「デッドクロス」を参考にするとよい。

信用倍率とデッドクロスで売りを入れる

[ファーストリテイリング（9983）　日足　2020年5月〜2021年8月]

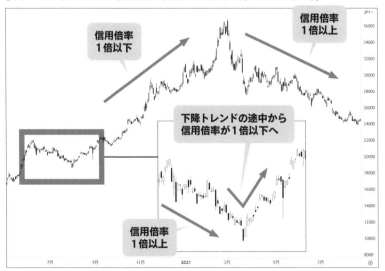

信用倍率　▶　信用倍率が1倍以上の場合、買い残のほうが多い状況を示す。将来的に反対売買（売り）が多数行われる可能性が高いため、後に株価が下落しやすいと考えられている

テーマ株ランキングの推移に
注目して「次の旬」を探る

ウルフ村田

すでに上位のテーマは
ピークを迎えた可能性がある

各投資情報サイトが発表する「テーマ株ランキング」の推移から、テーマの移り変わりを察知できる。

例えば、人工知能のテーマが上位を占めているなか、インバウンドのテーマの順位が徐々に上がってきたとする。こうした、下から上がっているテーマは現在進行形で注目度が増加しているため「次の旬」になりやすい。一方、ランキング上位に位置する、あるいは順位が落ちているテーマは、すでにピークを迎え、株価が反転する可能性がある。私は普段空売りを行うことは少ないが、順位が下がっているテーマに注目して空売りに挑戦するもの一手だ。

また、今まで「テーマ株ランキング」に一度も顔を出したことのない新しいテーマが急にランキング入りすることがある。手垢の付いていない真新しいテーマはその後大相場となり得ることもある。

株探のテーマ株ランキング

株探で人気のテーマ株を紹介する「人気テーマ【ベスト30】」のページ(https://kabutan.jp/info/accessranking/3_2)。

米国の金利上昇時は連動する銘柄に注意

10年債利回りの金利上昇時はグロース株が売られやすい

個人投資家に人気があった旧マザーズ市場。この旧マザーズ市場の先行指標的な存在のひとつとしてナスダック総合指数が挙げられる。ナスダック総合指数は、米国の10年債利回りに左右される傾向がある。そのため、金利が上がりすぎるとグロース株が売られやすくなる。特に長期金利が上がると、旧マザーズ市場のグロース株が売られやすくな

る。例えば、旧マザーズ市場のトップであったメルカリ（4385）などがその代表であった。

このように、米国の金利が上がっているときは、グロース株を避けて、バリュー株やよい材料のある新鮮な銘柄の投資していくとよいだろう。そうした銘柄には資金が流れやすいため、デイトレでは利益を生み出しやすい。

売られやすい銘柄の株価

［メルカリ（4385）　日足　2022年7月〜2023年4月］

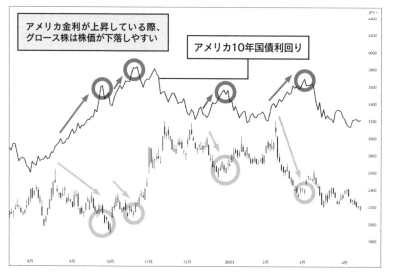

バリュー株の黒字転換予想は仕込みのチャンス

JACK

■ 割安な放置銘柄には問題があることが多い

日経平均株価が上昇し、割高感が強くなる状況では割安株を探したいところだが、割安で放置されている銘柄にはそれだけの理由があることも多い。構造不況業種や負の遺産を抱え込んだ企業などだ。それらはただの安い株であり割安ではない。

ただし、その状況に変化がみられるなら大きなチャンスになる。例えば業績の変化において、連続赤字に陥っていたような会社が、構造改革や需要動向の変化やそれに伴う市況の立ち直りなどにより黒字に転換するポイントは、相場が大きく評価することが多い。

発表される月次売上や同業他社の動向、構造改革についてのリリースを手掛かりに黒字転換の予想ができたら、決算発表時期の少し前に仕込んでおきたい。

■ 健全な割安株を見つける

業績好調な割安株銘柄一覧

全380件中 1件から 30件を表示しています。

1 | 2 | 3 | 4 | 5 | 6 | 7 | 8 | 9 | 10 | 11 | 12 | 13 | ▷

業績好調な割安株銘柄一覧(ファクター統計算出日付：2024/04/25)

No.	コード	会社名	市場	株価	前日比	％	PER	PBR	配当利回り(%)	ROE(%)	時価総額(50億円)	52週高値率(%)	自己資本比率(%)
1	7203	トヨタ自動車	東証プライム	3,407.0	-121.0	-3.3	12.7	2.01	1.77	15.88	57,054	-5.20	38.14
2	7267	本田技研工業	東証プライム	1,746.0	+7.5	-2.4	9.6	0.82	3.32	8.50	9,219	-5.08	45.34
3	7731	ニコン	東証プライム	4,066.0	-374.0	-8.6	17.8	1.62	3.69	6.10	5,419	-8.42	61.36
4	5108	ブリヂストン	東証プライム	6,711.0	-56.0	-0.7	12.9	1.45	2.13	10.70	6,790	-6.29	61.79
5	6301	小松製作所	東証プライム	4,357.0	-190.0	-4.2	12.4	1.66	3.12	13.38	4,223	-3.56	52.00
6	4901	富士フイルムホールディングス	東証プライム	3,223.0	-84.0	-1.5	17.2	1.50	1.50	8.68	4,133	-1.62	60.87
7	9022	東海旅客鉄道	東証プライム	3,589.0	-66.0	-1.8	11.2	0.85	0.78	5.76	3,697	-2.99	39.51
8	7269	スズキ	東証プライム	1,790.5	-24.5	-1.3	14.7	1.69	1.54	11.55	2,518	1.23	45.39
9	4578	大塚ホールディングス	東証プライム	6,272.0	-88.0	-1.4	24.0	1.46	1.91	10.44	3,498	-6.80	71.21
10	6752	パナソニック ホールディングス	東証プライム	1,325.0	-68.0	-4.9	7.4	0.60	2.84	12.16	3,252	-5.44	44.00

> ただの安い株ではなく、黒字転換の予想ができる割安銘柄を探し、決算発表時期の少し前に仕込んでおこう

株マップ.comの業績好調なバリュー株銘柄一覧(株マップ.comトップ>市場分析>テーマ別指数ランキング)では、バリュー株銘柄を一覧で見られる。
株マップ.com（https://jp.kabumap.com/）

投資家の勘違いで下がった銘柄を買う

JACK

常に正しい情報で相場が動くとは限らない

すべての投資家が、常に正しく情報を認識して投資行動をとっているわけではなく、憶測（思惑）や勘違いなど、誤った認識によってマーケットが大きく動いてしまうことも多々ある。そこで、誤った情報で過度に割安になったときに買いを入れると利益を狙うことができる。

例えば、コロナショックでREITが全面安になったとき、同じく

REIT銘柄であるイオンリート投資法人（3292）やエスコンジャパンリート投資法人（2971）も大幅安となった。しかし、イオンリートの場合は長期契約で、テナントがすぐに出ていく事態は起こらない。エスコンは上物だけでなく土地に対しての利益があるため、実際には利益に大きな影響がない。そんな場面でも、多くの投資家が勘違いをして売りに走ことは多々あるため、そうした場面で割安に買いたい。

コロナショックで連れ安になったエスコンジャパンリート

［エスコンジャパンリート投資法人（2971）　日足　2019年12月〜2020年8月］

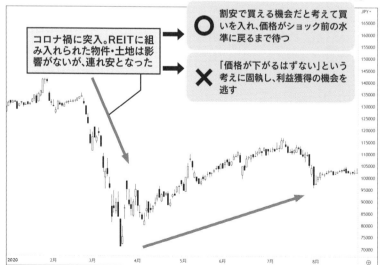

コロナ禍に突入。REITに組み入れられた物件・土地は影響がないが、連れ安となった

○ 割安で買える機会だと考えて買いを入れ、価格がショック前の水準に戻るまで待つ

✕ 「価格が下がるはずない」という考えに固執し、利益獲得の機会を逃す

上物　　▶ 土地の上に建つ建物のこと

先回り投資は優待だけではなく REITでも有効

JACK

保有すると定期的に分配金をもらえる

優待における先回り投資は、一定の規則性に注目した手法であるため、優待銘柄だけではなく、ほかの銘柄群でも活用できる。

例えば、不動産に投資するREITや、太陽光など自然エネルギー関連施設に投資するインフラファンドなどは、保有すると定期的に分配金をもらうことができる。

この分配金を獲得するためには、権利確定日までに投資主名簿に記載されている必要がある。

株主優待銘柄と同様に権利確定日に向けて価格の上昇が起こる傾向にあるため、先回り投資（テクニック060参照）が有効となる。

インフラファンドで分配金を狙う

[東海道リート投資法人（2989） 日足 2022年10月～2023年4月]

2023年1月31日～2月1日
12万2800円

権利確定日のある1月に最も高い水準となる

応用 technique 084

要注目！インフラファンドは高配当

JACK

増資と権利落ちで価格が下がったときが狙い目

太陽光発電設備などのインフラ施設を投資対象とし、2023年7月現在東証に5銘柄上場されている「インフラファンド」は、投資対象として要注目銘柄である。あまり認知されていない銘柄だが、配当利回りは5〜6%程度で高配当だ。

株式の高配当銘柄への投資と同様、値下がりしたタイミングでの買いを狙いたい。ポイントは「増資」と「権利落ち日」だ。

まず、ファンドが増資をすると、口数が増えることで1口あたりの利益が相対的に減る「希薄化」が起こり、値下がりすることが多く、増資の発表以降に値が落ちやすい。また、ほかの銘柄と同様に、配当権利落ち日には買い手が減るので、値下がりしやすい。基本的には、インフラファンドはこの2つの値下がりタイミングで買うのがよいだろう。

権利落ち日と増資のときに値下がりした実例

[ジャパン・インフラファンド投資法人(9287)　日足　2022年4月〜2023年1月]

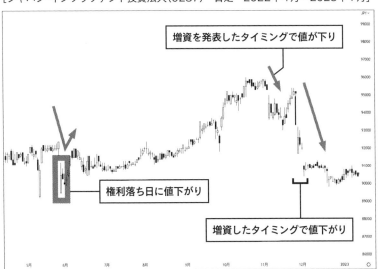

増資を発表したタイミングで値が下り

権利落ち日に値下がり

増資したタイミングで値下がり

出来高を分析することで 注目の銘柄を見つけ出す

DYM07

上昇トレンドを狙った トレードに出来高を活用する

出来高は、ある一定期間内に売買が成立した株式の数をグラフ化した指標であり、個別銘柄や市場全体の人気や勢いを測る上で欠かせない要素だ。

出来高が多い銘柄は、取引が活発で投資家の関心が高いと判断できる一方、出来高が少ない銘柄は、取引が少なく投資家の関心も低いといえるだろう。したがって、出来高を分析することで、人気の銘柄や注目度の高い銘柄を見つけ出すことができる。

また、出来高は株価の動きに先行する傾向がある。特に、下降トレンドの終盤に現れる「セリング・クライマックス」と呼ばれる、投げ売りによる株価の急落と出来高の急増は、相場の底を示唆するサインとして捉えることができ、上昇トレンドへの転換を狙ったトレードに活用できる。

出来高でトレンドの終わりを判断する

[任天堂（7974）　日足　2021年7月～10月]

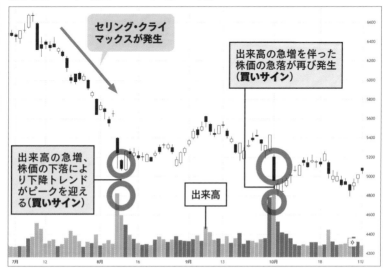

チャート・テクニカル

デイトレでは、日々変動するチャートから
売買のタイミングを探る必要がある。
本章では、ローソク足のみを使ったワザから
テクニカル指標の見方、組み合わせによる応用ワザまで解説。

グランビルの法則で
買いパターンを見つける

グランビルの法則で
最適なタイミングを見極める

　グランビルの法則は、移動平均線の創始者であるジョセフ・グランビルが考案した分析手法で、移動平均線の向きとローソク足との位置関係をもとに、最適なトレードタイミングを見極めるものだ。買いパターンと売りパターンがそれぞれ4つずつあり、ここでは買いパターンを中心に解説する。

グランビルの法則の
買いパターン

　買いパターン1は、下降トレンドから上昇トレンドへの転換を捉えるもので、ローソク足が下向きの移動平均線を上抜けた時点でエントリーする。ただし、高値をつけた後に調整することもあるため、値幅が取れたら利確するなど、短いスパンを意識することが大切だ。

　買いパターン2は、上昇トレンド中の押し目買いを狙うもので、ローソク足が上向きの移動平均線を一時的に下抜けた後、再び上抜けるタイミングでエントリーする。ただし、値下がりするケースもあるため、移動平均線を上抜けたポイントや、次に移動平均線の上で確定したポイントを基準にすると精度が上がる。

　買いパターン3も押し目を狙うもので、上昇中の移動平均線に向かって一時的に株価が下がり、移動平均線を下抜けることなく反発し再び上昇するタイミングがエントリーポイントとなる。移動平均線は市場参加者に広く意識されているため、下抜けずに反発すれば上昇トレンド継続が強く意識され、買われやすくなる。

　買いパターン4は、下向きの移動平均線に対してローソク足が大きく離れたポイントで買う逆張りの手法。上昇トレンドが終わり株価が急落する場面で機能しやすいが、エントリーのタイミングや損切りポイント設定の難易度が高いため、注意が必要だ。

　グランビルの法則を活用することで、トレンド転換や押し目を捉えることができるが、確実ではないため、こまめな利確と適切な損切りを心がけることが重要である。

押し目買い　▶ ローソク足が上昇中、一時的に下がったときに買う手法。また、下落中の一時的な上昇での売りを戻り売りという

グランビルの法則の買いパターン１

［日本精工(6471)　１時間足　2024年３月］

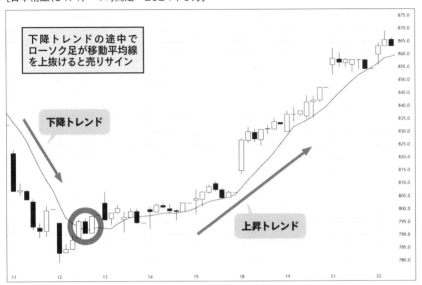

下降トレンドの途中で
ローソク足が移動平均線
を上抜けると売りサイン

下降トレンド

上昇トレンド

グランビルの法則の買いパターン２

［スタンレー電気(6923)　１時間足　2024年４月16日～30日］

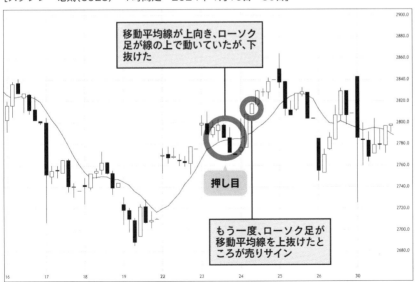

移動平均線が上向き、ローソク
足が線の上で動いていたが、下
抜けた

押し目

もう一度、ローソク足が
移動平均線を上抜けたと
ころが売りサイン

グランビルの法則で
売りパターンを見つける

グランビルの法則の売りパターン

グランビルの法則は、売りのパターンも4つあり、デイトレードで信用取引を用いて空売りを行う際にも役立つ。売りパターン1は、上昇トレンドから下降トレンドへの転換を捉えるもので、ローソク足が上向きの移動平均線を下抜けた時点でエントリーする。ただし、試し玉として一部の資金で売ってみて、想定通りに動きそうならホールドし、そうでなければ早めに手放すといった意識が大切だ。

売りパターン2は、下降トレンド中の戻り売りを狙うもので、ローソク足が下向きの移動平均線を一時的に上抜けた後、再び下抜けるタイミングでエントリーする。このパターンが出現すると、下降トレンドの継続が市場参加者に強く意識され、売りが加速しやすくなる。

売りパターン3も戻り売りを狙うもので、下降中の移動平均線に向かって一時的に株価が上がり、移動平均線を上抜けることなく反発し再び下降するタイミングが売りのエントリーポイントとなる。損切りも移動平均線を上抜けたら行うとシンプルに判断でき、グランビルの法則の売りパターンのなかでは最も使いやすいだろう。

売りパターン4は、上昇トレンド中に株価と移動平均線が大きく離れたタイミングを狙って売る逆張り戦略。特に、下降トレンドから上昇トレンドに転換する初動で株価が急騰した場面で機能しやすくなる。ただし、損切りやエントリーポイントを精査せずに売ると思わぬ損失を引き起こしやすいため注意が必要だ。

グランビルの法則を活用するメリット

グランビルの法則を活用することで、トレンド転換や下降トレンド中の戻り売りを捉えることができるが、100%当たるわけではないため、こまめな利確と適切な損切りを心がけることが重要である。また、時間軸ごとで受け取られる意味が異なるので、使い分けられるようにしておくことが求められる。

グランビルの法則の売りパターン1

［東武鉄道（9001）　1時間足　2024年1月］

上昇トレンド

株価が移動平均線を下抜け、反発
も小さい。上昇トレンドが終了し、
売りサインと判断できる

グランビルの法則の売りパターン2

［東邦チタニウム（5727）　1時間足　2024年4月］

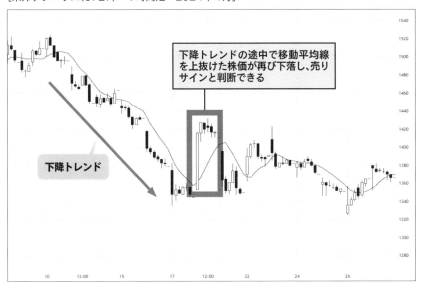

下降トレンドの途中で移動平均線
を上抜けた株価が再び下落し、売り
サインと判断できる

下降トレンド

高値と安値を注目することが
デイトレの基本

矢口新

■売りは高値
買いは安値を見る

相場で絶対に儲けられる方法とは、「価格が高いときに売り、安くなれば買う」「価格が安いときに買い、高くなれば売る」こと。ごく当然のことだが、これを実践するのは難しい。しかし、3つのルールに沿って売買することで、スムーズに行えるようになる。

ルール❶直前のローソク足の高値安値を切り下げれば売り、切り上げれば買い

ルール❷抱き線・はらみ線は様子見

ルール❸明確なブレイクがない限り次のローソク足を待つ

右上図から、売りでエントリーするケースを考えよう。

ルール①は、エントリーの判断と保有の判断に使える。A地点では、直前のローソク足の高値を切り下げており、以降もそれが連続している。つまり、Aで売りを入れ、高値が切り下がり続ける限り、株価の動きは下向きなので「売りを維持」できると判断できる。

買いの場合はこの反対で、安値が切り上がり続ければ買いエントリー、もしくは買いを維持できる。

■様子見をするべき
2つのサイン

ただし、ずっとこうした値動きが続くわけではなく、様子見が必要な場面も現れる。それが、「抱き線」「はらみ線」が出現したときだ。抱き線やはらみ線の値動きを線で表すと、右下図のような「収縮」「拡散」の状態となる。こうした値動きは、上昇トレンドや下降トレンドと違って方向性がないといえるため、無理に売買判断を行わず、次のローソク足の出現を待つのがよい。図中ではB地点が該当する。

また、C地点は直前の足の高値を切り上げているものの、よく見ると上ヒゲ（高値）が直前のローソク足の高値を抜いただけで、Cの始値は、直前のローソク足に近い位置にある。ルール③では、このような反転といえるような明確なブレイクが起きない場合は判断を保留とし、それまでのポジションを維持したままで次のローソク足を待つとよい。

ルール①～③の使い方(売りから入った場合)

[トヨタ自動車(7203) 5分足 2024年5月]

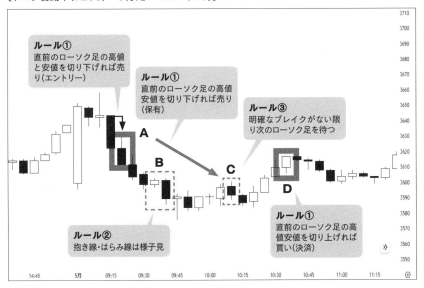

ルール①
直前のローソク足の高値
と安値を切り下げれば売
り(エントリー)

ルール①
直前のローソク足の高値
安値を切り下げれば売り
(保有)

ルール③
明確なブレイクがない限
り次のローソク足を待つ

ルール②
抱き線・はらみ線は様子見

ルール①
直前のローソク足の高
値安値を切り上げれば
買い(決済)

「縮小」を示すはらみ線と「拡大」を示す抱き線

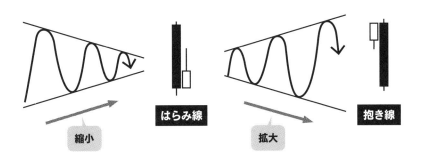

はらみ線

縮小

拡大

抱き線

複数のローソク足でひとつの
はらみ線と見ることができる

矢口新

1本目の高値と安値に
収まっていればはらみ線

前述の通り、はらみ線とは1本目のローソク足が2本目のローソク足を包んでいる組み合わせであり、値動きの縮小を示している。しかし、はらみ足は2本のローソク足でできているとは限らない。3本目、4本目のローソク足においても「1本目のローソク足の高値と安値の間に収まっている」という条件が満たされていれば、「はらみ線が継続している」と考えることができる。

下図は、アドバンテスト（6857）のチャートだ。ローソク足①は、ローソク線Aの間に収まっており、はらみ線になっている。また、続く②〜⑤のローソク足もローソク足Aの高値と安値の間に収まっている。こうした状態では、ローソク足Aから⑤まで値動きの縮小が続いており、まとめてはらみ線と捉えることができる。Aの高値と安値を更新するまで様子見をしよう。

連続したはらみ線の捉え方

[アドバンテスト（6857）　日足　2021年9月10日〜29日]

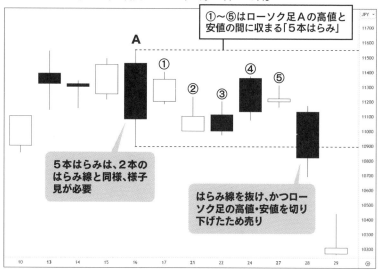

①〜⑤はローソク足Aの高値と
安値の間に収まる「5本はらみ」

5本はらみは、2本のはらみ線と同様、様子見が必要

はらみ線を抜け、かつローソク足の高値・安値を切り下げたため売り

基本
lecture
090

動きがわかりづらいなら
上位足を見て判断する

矢口新

チャートの方向性を知るには
上位足を確認するのがよい

相場には必ず山と谷が現れる。相場にいるトレーダーは、売ったものを必ず買い戻し、買ったものは必ず売るためだ。テクニック088で解説したように、ローソク足の上下の動き（波動）に合わせて、山越え（天井）で売り、判断できない場面では様子見を行い、谷越え（底）で買うことを繰り返せば、効率的に売買を行うことができる。

しかし、下図のチャートのうち、上段を見てほしい。波動よりも細かな値動き（さざ波）があるために、反転のタイミングを判断しづらくなっている。

こうした場面では、より長い期間の上位足（下段のチャート）に変えるとよい。すると、どの波動でもテクニック088が適用できるようになる。相場の判断は「方向性を知ること」と、「時間軸をどう取るか」に尽きるのだ。

上位足で波動の形を確認する

[上段：花王(4452)　5分足　2023年6月
　下段：花王(4452)　1時間足　2023年6月]

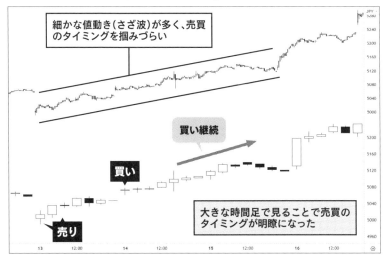

細かな値動き（さざ波）が多く、売買のタイミングを掴みづらい

買い継続

買い

売り

大きな時間足で見ることで売買のタイミングが明瞭になった

寄り天銘柄の売り圧力を利用して空売り

投げ売りがひと段落したところをスイングで買う

出来高を伴って上がっている銘柄は、翌日にGU（ギャップアップ）して寄り付くことが多い。ただし、地合いが悪いときなどは、寄り天となって投げ売りで下がっていくこともある。

また、上昇するスピードが早く、高値での売買を警戒されている銘柄なども、「いったん利確しておこう」と考える人たちによって売り圧力が強くなることがある。

この流れをイメージして、デイトレでは空売りを狙ってみるのもひとつの手。

スイングの場合、少し長い目で見て上昇していくことが見込めそうであれば、GUからの投げ売りが終わるのを待ち、反転したところを押し目と見て買おう。

寄り天したときの判断

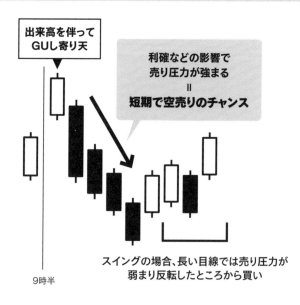

出来高を伴って
GUし寄り天

利確などの影響で
売り圧力が強まる
＝
短期で空売りのチャンス

スイングの場合、長い目線では売り圧力が
弱まり反転したところから買い

9時半

アルゴリズム注文　▶ コンピューターシステムによって自動で注文を出す取引。テクニック036で解説したアイスバーグ注文もアルゴリズム注文のひとつ

寄付後に一気に下げた銘柄は 買いのチャンス

▌投げ売りによる大きな変動は 一時的な下落になりやすい

近年は、アルゴリズム注文による見せ板なども活発で、寄り付いた後に板が押し込まれることによって投げ売りが連発し、一気に下がることがある。

こうした値動きは一時的で、ひと呼吸おいた後に戻すことが多いため、買いのチャンスとすることができる。

長い下ヒゲになっていることなど

を確認し、そのまま下に抜けた際の保険として損切り注文は置きつつ、買いに回ってみよう。

ただし、見せ板は一般的な売買においては禁止されていて、アルゴリズム注文でのみ許容されている。不正行為とならないよう、覚えておくとよい。

▌一気に押し込まれて反発する例

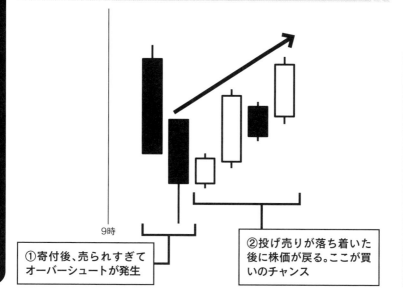

9時

①寄付後、売られすぎてオーバーシュートが発生

②投げ売りが落ち着いた後に株価が戻る。ここが買いのチャンス

見せ板 ▶ 株を本来の価格より安く（売りの場合は高く）仕入れるために、売買する気がないのに、買い注文や売り注文を出すこと。不正取引のひとつ。テクニック037参照

基本 lecture 093

場中に好材料が出て上昇したら押し目を狙う

買い目線で見つつ一度押すのを待つ

場中に好材料が出た銘柄は、急騰することが多い。情報をいち早く手に入れる早耳勢などが好材料に反応して買い入れ、その値動きに反応したアルゴリズム注文が入り、株価が上昇する。そして株価が上昇すればさらに買いが続き、急騰するのだ。

ただし、高値掴みしてしまう可能性もあるため、買うタイミングとしては一度調整が入ってから反発する

のを待ちたい。また、材料が出て上昇したということは、その材料の分だけ企業の価値が上がったということであるため、急騰前の株価には理論上戻りにくい。もし、買いが続かず株価が下がってきた場合は、材料が出る前の価格が損切りポイントになる。

場中の決算発表で株価急騰

[きんでん（1944）　5分足　2024年4月23日〜30日]

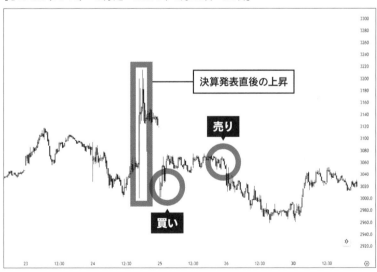

決算発表直後の上昇

売り

買い

基本
lecture
094

ストップ高銘柄の
強弱を見極める

張り付いた後で
売り注文を出しておく

材料が出てストップ高に張り付いた銘柄は、基本的には材料が高く評価されているということであり、翌日もGUして始まる可能性が期待できる。材料次第では連続でストップ高となることもある。

そのような銘柄にうまく乗れた場合は、次の方法を使ってストップ高に張り付く強さを測ってみよう。

まず、張り付いたことを確認した

ら、売り注文を出す。ストップ高が解除されるまでは売り注文は約定しない。仮に売り手が強くなり、15時までに寄って売れるようなら、張り付く力が弱いことを示している。その銘柄は翌日に売られる可能性があるので、持っていればその日のうちに手放す。最後まで張り付きそうであれば、15時前に売り注文を取り消して持ち越そう。

売り注文が約定したら弱いと判断

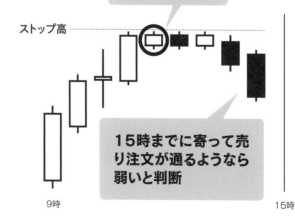

張り付きを確認
したら売り注文

ストップ高

15時までに寄って売
り注文が通るようなら
弱いと判断

9時

15時

119

引け前の下落銘柄は
買いのチャンス

引け前は上昇銘柄より
下落銘柄に注目

　引け前は、手仕舞いの売りが出やすいという特徴がある。また、引け前に日経平均株価などの株価指数が下がれば、手仕舞いのため売りが多くなりやすい。

　その場合、買い注文をキャンセルする人が増えたり、新たに買いが入れる人もいなくなるため、買い板が薄くなる。すると、少ない枚数でも株価が大きく下がっていく。

　このように、引け間際に少ない枚数で株価を下げた銘柄を買うと利益を得やすくなる。

　引け間際は上がっている銘柄より、下がっている銘柄に注目するのもよいだろう。

後場で下げる例

[ENEOSホールディングス（5020）　1時間足　2023年11月7日〜14日]

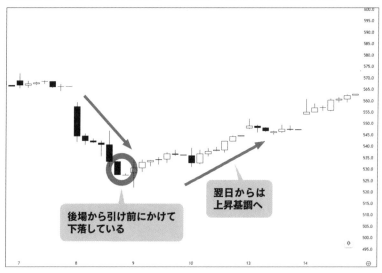

後場から引け前にかけて
下落している

翌日からは
上昇基調へ

応用
technique
096

下落からのリバウンド狙いは
状況を見て行う

ストップ安までいくのは
売り手の力が強い証拠

　株価はオーバーシュート（一方に行きすぎる）することがある。

　好材料が出た銘柄が大きく買われる状態や、悪材料が出た銘柄が売られすぎるといった状態だ。

　特に、悪材料で売られた銘柄はオーバーシュートが発生している可能性があるため、逆張りでリバウンドを狙ってみるとよい。

　ただ、あくまでも悪材料が出てい

るので、長く持たないようにしよう。また、ストップ安まで売られる銘柄は売り圧力が強いので安易な逆張りは危険。

　ストップ安は材料の見直しなどでリバウンドする可能性もあるが、翌日以降も下がって行く可能性があるので、買わずにスルーするのが無難だろう。

ストップ安になったときのイメージ

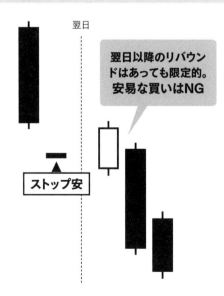

翌日

翌日以降のリバウンドはあっても限定的。安易な買いはNG

ストップ安

地合いによって
ポジション調整を行う

地合いのよい上げ相場では
買いポジションを多めにする

中長期の投資と比べて、デイトレのような短期では地合いの影響を受けにくいのが特徴だ。地合いと連動しない銘柄を選ぶことで、さらに影響を抑えることもできる。ただし、地合いのよし悪しをまったく無視できるわけではない。

デイトレの場合、地合いがよければ買いで取りやすくなり、悪ければ空売りで取りやすくなる。そのよう

な追い風を生かすためには、チャートの時間軸を大きくして相場全体の値動きを把握することが大事。例えば、地合いが悪いときは空売りのトレードを中心にしたり、買いポジションの保有時間を短めにする。

スイングの場合も同様に、上げ相場なら買いポジション多め、下げ相場なら売りポジションを多めにするというバランス調整が大切だ。

相場全体を確認する

[シェアリングテクノロジー（3989） 日足 2024年1月〜4月]

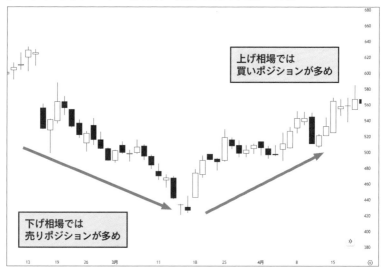

基本
lecture
098

チャネルラインは
エントリーと手仕舞いに有効

上抜けも上昇力が
強まるため注目

チャネルラインは、上昇トレンドの場合、株価の切り上がる安値を結んだ線である支持線に対して、上昇トレンドの始めの高値を結んだ線で、ラインを突き抜ける「ブレイク」のサインを把握するのに使われる。

トレンド時においても使われるが、特にレンジ相場においては、チャネルラインを活用することで、

エントリーと手仕舞いのタイミングを測るのに有効となる。上昇レンジ内で株価が上昇しているときに出来高も増えていれば、上昇の力が強いことが伺える。

また、こうした相場の方向性を示すトレンドラインは、多くの投資家が注目するため、チャネルラインを突き抜けると、更なる買いの流入や空売りの買い戻しで株価が一気に上昇する傾向がある。

チャネルラインのイメージ

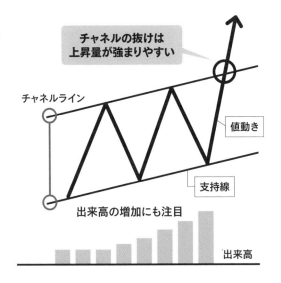

チャネルの抜けは
上昇量が強まりやすい

チャネルライン

値動き

支持線

出来高の増加にも注目

出来高

チャネルブレイクアウトは大陽線を確認する

安値の切り上げパターンは上昇に向かう可能性が高い

　レンジからトレンドに変わる際の強いサインとしてチャネルブレイクアウトがある。

　チャネルブレイクアウトとは、過去の高値・安値を目安に水平線を引き、ラインをブレイクしたらサインと見る方法だ。

　上昇の場合、上値が節目や戻り高値に抑えられ水平に推移しつつ、安値が切り上げているタイミングなど

は、水平線を抜けると大きなトレンドが出やすい。こうした売りと買いのバランスが崩れて一方向に動くタイミングでエントリーできれば利益を得やすくなる。

　ただし、一度高値を抜けた後に値下りし、もとのチャネルに戻るようなダマシの値動きもある。水平線をブレイクアウトする際のローソク足が大陽線になっているかを確認してから、上昇についていきたい。

水平線をブレイクアウトした例

［オハラ（5218）　日足　2023年11月～2024年4月］

基本
lecture
100

底値圏での出来高増加と
太陽線の出現は重要なサイン

■ ローソク足は出来高と組み合わせて分析する

　ローソク足は単体でも有用な分析手法だが、出来高と組み合わせることでより効果的な分析が可能になる。

　相場の底値圏、特に大底圏で出来高の増加と大陽線がセットで出現した場合、上昇トレンドへの転換のサインと考えられる。出来高が急増するということは、何らかのきっかけで「これから株価が上がる」と予想した投資家が増加し、買いが集中していることを意味する。この際、出来高の急増に伴ってローソク足が大陽線を形成していれば、本格的な上昇トレンドへの転換を示唆していると解釈できる。したがって、底値圏で出来高の増加と大陽線が同時に現れた場合は、注目しておくべき重要なサインといえるだろう。

　一方、出来高のグラフが小さい場合は、市場参加者からほとんど注目されていない状態を表している。

出来高をともなう大陽線

［マルハニチロ（1333）　1時間足　2024年3月］

基本 lecture 101
下落相場では逆張りで反発を狙う

株価は下げすぎると反発する傾向がある

デイトレのメリットは、下落相場でもすぐに手放すなど柔軟に動けて生き残れることだ。

上昇相場と比較して、下落相場では上がる銘柄数が5分の1程度に減ってしまうため、儲けるチャンスが少ない。安値で買い入れ、やがて株価が上昇したら売る、いわゆる逆張りは考慮したい。株価は下げすぎると自然と株価が反発する傾向にある。それを利用して、下げたタイミングで買い、反発した後の含み益を狙う。含み益を確認できたら、すぐに利益確定をしよう。その銘柄の再度の下げに巻き込まれるのを防ぐためにも、さらなる上昇を待たないことが利益を出すための要となる。

基本 lecture 102
買い目線ではレジスタンスラインを意識

レジスタンスラインは参加者次第で変わる

トレード時にチャート上で特に意識するのはレジスタンスライン（上値抵抗線）だ。

レジスタンスラインを上抜けると「ここは下がらないな」と判断して飛びつくイナゴがイナゴを呼んで、一気に価格が伸びることがある。これは買いで入る場合に重要なポイントとなる。

ただ、上抜けても上昇が続かずに反転して急落するケースも多い。そのため、レジスタンスライン抜けの上昇を狙う場合、その前段階で仕込んでおき、抜けたら様子見するのが基本的なスタンスだ。ラインを少し上抜けてさらに伸びるかは、よくも悪くもほかの参加者次第だ。

基本 lecture 103

前日高値のブレイクアウトで大きな利益を狙う

デイトレにおける
節目のひとつが前日の高値

株価の節目にはいろいろあるが、デイトレにおける節目のひとつに前日の高値がある。節目では利益確定や損切りの売り注文が多く発注される傾向があり、株価は頭が押さえ付けられた状態となって上昇しにくくなるもの。

それだけに前日の高値をブレイクアウト（抜く）できれば押さえ付けるものがなくなり株価は大きく上昇する傾向がある。上昇エネルギーの強い銘柄であれば、ブレイクアウト後にストップ高となることも多く、大きな利益を得られる可能性がある。

このブレイクアウト投資法は高値で買うことになるため、ダマシにあう可能性もあり、リスクと隣り合わせだ。エントリーと同時に逆指値で決済注文を出すなど損切りを行うことが勝率を上げるコツだ。

前日高値からのブレイクアウトのイメージ

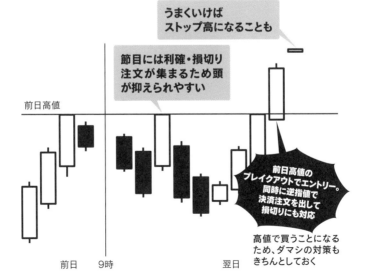

うまくいけばストップ高になることも

節目には利確・損切り注文が集まるため頭が抑えられやすい

前日高値

前日高値のブレイクアウトでエントリー。同時に逆指値で決済注文を出して損切りにも対応

高値で買うことになるため、ダマシの対策もきちんとしておく

前日　9時　　翌日

ダマシ　　▶ テクニカル指標が示した売り・買いサインと反対方向に株価が動くこと

基本 lecture 104

「ずっと持ってもいい銘柄」で デイトレをする

ウルフ村田

月足で5SMAの上を推移する 銘柄は買いを継続できる

デイトレでは、つい5分足などの短い時間軸ばかりを見てしまいがちだ。しかし、それでは相場の方向感を把握しないまま相場の大きな流れに逆らうトレードになってしまうケースも多いため、デイトレであっても相場を俯瞰する視点は常に持っておきたい。

そのためには「月足」で「5SMA」を表示するのが有効だ。下のチャートは、2023年の年初から6月にかけて株価が約4倍に上昇したAbalance（3856）の月足のチャートだ。株価が上昇した2023年2月以降、ローソク足が5SMAを下抜けずに推移していることがわかる。この状態を私は「日向（ひなた）」と呼んでおり、株価が安定して上昇傾向にあると判断する。デイトレ目線でも月足が「日向」、買いを継続できる銘柄でトレードすることで勝率アップに期待できる。

「日向」の状態にある銘柄を月足で探す

[Abalance（3856） 月足 2022年3月〜2023年7月]

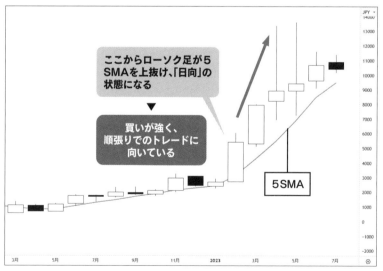

ここからローソク足が5SMAを上抜け、「日向」の状態になる

買いが強く、順張りでのトレードに向いている

5SMA

SMA ▶ 単純移動平均線。過去の終値の平均を算出した線。5SMAは、ローソク足5本分の動きを示す

基本 lecture 105 トレンドと逆方向の 大陽線・大陰線に注目

トレンド初動の 確認方法として有効

トレンドがいったん発生すると、慣性が働くように価格が動く。そうして、最終的に出来高を伴った投げ売りを経てトレンドの転換期に移行するわけだが、その転換期を見分ける方法として底や天井付近で発生する大陰線・大陽線に注目するとよい。

下降トレンドの場合、底打ち後、徐々に買いが入ってきて上昇を始め

る。加えて、さらなる下落を想定して売っていたトレーダーは直近高値付近に損切り注文を置くため、その買い戻しの注文が相まって上昇が加速することになり、大陽線ができる。こうした大陽線・大陰線が発生した後は相場の雰囲気が転換ムードになる。

こうした流れに合わせて移動平均線自体も向きが変化していき、トレンド発生のサインとなることも多い。

大陽線によるトレンド転換

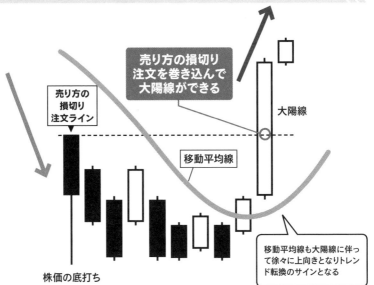

売り方の損切り注文を巻き込んで大陽線ができる

売り方の損切り注文ライン

大陽線

移動平均線

移動平均線も大陽線に伴って徐々に上向きとなりトレンド転換のサインとなる

株価の底打ち

下ヒゲを付けて上昇していると買いのチャンス

増配を発表した銘柄が狙い目になる

地合いが悪くても、直近の決算発表で、業績や配当がよい銘柄は買われやすい。

2024年3月、日経平均株価は史上最高値となる4万円台を突破したが、業績や配当がよく、出来高のある銘柄は下ヒゲを付けて、じりじりと上昇していくことが多い。

特に増配した銘柄はこの傾向にある。

そうした銘柄には「今日はこれぐらいまで下がってくるかな」という値段に買い指値を設定しておくとよいだろう。

常に指値に刺さりながら株価が上昇していくため、安値を捉えることができる。

増配銘柄の株価

[和田興産（8931） 1時間足 2024年3月〜4月]

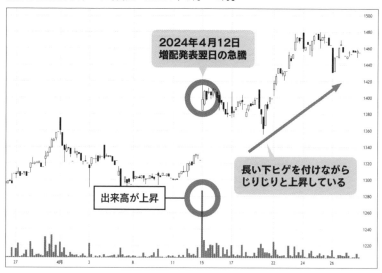

2024年4月12日 増配発表翌日の急騰

出来高が上昇

長い下ヒゲを付けながらじりじりと上昇している

急騰で上ヒゲが付いた銘柄は様子見が無難

高値掴みした人たちが上ヒゲの部分で捕まっている

材料があって上昇した銘柄でも、買われすぎると高値圏で上ヒゲが付く。

勢いよく上昇している銘柄は、その前後が押し目となり、再び上昇していくケースもあるが、買いを考える前にヒゲの部分で買い捕まっている人がいることを想定し、高値で買った人の損切りにより下落が加速する可能性も考えておきたい。

どれくらいの人が高値で買ったかは、出来高や価格帯出来高などを見て分析しよう。

材料の内容にもよるが、上ヒゲが付くと基本的には上値が重くなるため、上昇に乗り遅れた場合などは様子見が無難といえる。

上ヒゲ後の値動きのイメージ

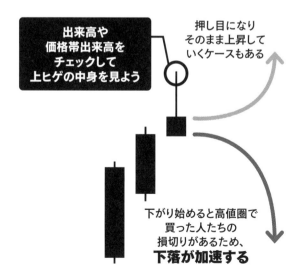

価格別出来高　▶　約定した株数を価格帯別に表示したもの。通常の出来高はチャートの下に表示されるが、価格帯出来高はチャートの横に表示される

上下のヒゲがない大陽線と大陰線はさらに勢いが強い

■ スキャルピングは明確な売買サインを把握する

スキャルピングでは、明確な売買サインを把握することが重要だ。ローソク足の陽線と陰線は、始値と終値の位置関係によって示唆する意味合いが変化する。

特に、上ヒゲと下ヒゲがない大陽線・大陰線は、「陽線坊主」「陰線坊主」と呼ばれ、勢いがさらに強いことを示唆している。陽線坊主は、始値より安い値を一度もつくらず、高値と終値が同値であり、高値を常に更新し続けて一度も押し目をつくっていない状態。通常の大陽線よりも買いの勢いが強く、上昇が継続する可能性が高くなる。

一方、陰線坊主は、始値よりも上で高値を一度も付けず、安値も一切戻りを許さずに終わっているため、売りの勢いが一方的だったことを示す。ローソク足のヒゲの有無に注目することで、相場の勢いの強さを判断することができるのだ。

強い買いを示す陽線坊主

[ジーダット（3841）　日足　2024年1月～3月]

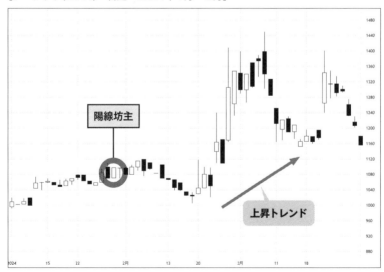

陽線坊主

上昇トレンド

基本
lecture
109

下影陽線は相場の底で出現すれば上昇への転換サイン

底値圏と天井圏での転換サイン

ローソク足のヒゲは、高値・安値と始値・終値の差分がある場合に出現し、その位置によって4つのパターンに分類される。

下影陽線（下ヒゲが長い陰線）は、一度売られるも買いの勢いが強かったことを示し、相場の底で出現すると上昇への転換サインと考えられる。一方、上影陽線は高値圏で売りに押し戻されたものの、最終的に

買いの勢いが勝っているため、相場の底で出現すると上昇への転換サインだが、上値の重さも示している。

下影陰線は最終的に売り優勢となったものの、一時的に買いの強い抵抗があったため、相場の天井圏では下降への転換、相場の底では上昇への転換を示唆する。上影陰線は、一時的に買いが優勢でしたが、最終的には売りの抵抗が強く優勢となっている。そのため、天井圏では下降への転換サインとされている。

下影陰線が現れたら買いのサイン

［杉村倉庫（9307）　日足　2024年1月〜3月］

基本 lecture 110

窓開け後に窓埋めが発生する タイミングを狙う

窓開け後の動きを 想定して買う

ローソク足の間に大きな間隔がある状態を「窓」と呼び、上方向への窓開けはギャップアップ（GU）、下方向への窓開けはギャップダウン（GD）と呼ばれる。

窓の特性として、将来的に窓のスペースを埋めるように株価が動く「窓埋め」が発生する可能性が高くなるという点が重要だ。窓開けと窓埋めはセットで発生することを理解

しておくと、株価の方向性を判断する際のヒントとなる。

寄付でギャップダウンした場合、すぐに買いが入ってリバウンドするケースがあるため、その動きを想定して買うという戦略がある。一方、寄付でギャップアップした場合は、一度押した（押し目ができた）タイミングでエントリーするのも効果的だ。窓開け後は、窓がいつ埋まるかを意識しながらトレードすることが重要である。

ギャップダウン後すぐに窓埋めが発生する

[KEEPER技研（6036）　5分足　2024年5月1日]

窓開け

窓埋め

買いの勢いが強いため、すぐに窓埋めが発生する（買いサイン）

GU・GD

▶ GU（ギャップアップ）は前日の引けの終値よりも、翌日寄付の始値が高くなること。
▶ GD（ギャップダウン）は前日の引けの終値よりも、翌日寄付の始値が低くなること

持ち越しでGUを狙い利確する

基本 lecture 111

寄付は前日の材料発表で大きく変動しやすい

寄付は、前日場が引けた後の材料をもとにしたトレーダーの注文が殺到しやすいため、比較的値動きが大きくなる傾向にある。こうした寄付の値幅を効率よく取っていくには、前日からの"１泊２日"の持ち越しトレードが有効。前日の14時30分〜大引けまでに大きく上昇したものや、上ヒゲを伴う陽線が出ている銘柄など、翌日まで勢いが続きそうものを買っておき、持ち越す。

翌日の寄付で予定通り始値が上昇してGUすれば、そこで利益確定。当然、目論見通りにいかないこともあるGDして始まった場合は、状況を見てナンピン買いをし、その分の利益は早めに確定する。

10時以降は相場の状況が変わるので、９時50分をすぎて下げが継続するようであれば損切りして、一連のトレードを終了する。

持ち越し戦略のイメージ

寄り付き後 GUであれば すぐ利確

前日14時30分から引けまでに値上がりした銘柄などを買い、**翌日まで持ち越す**

目論見が外れて GDで始まったら ナンピン買いで付いて行く

前日 | 翌日

9時 | 10時

10時以降は相場状況が変わるので9時50分までに下がり続ける場合は損切り

GU後は前日高値を
維持できるかに注目する

反発を確認してからの
エントリーで利益を狙える

　GUは、好材料の出現や前日の上昇を引き継いだ成行買いの増加、また、そうした株価の上昇エネルギーに耐えられなくなった空売りの買い戻しによって発生する上昇トレンドに転換するサインのひとつだ。

　初心者は成行買いで飛びついてしまい、高値掴みになりがちだ。

　というのも、強い買いエネルギーは株価のGUを起こすが、それによって利益確定の売りや、天井とみた空売りが入ってくることで短期的に売られることがあるからだ。

　いったん売られても、株価が前日の高値を維持し、反発を確認できた時点でのエントリーが望ましい。

前日高値で反発を確認後エントリー

GUしたタイミング
でエントリーすると
高値掴みになりがち

前日高値

下げても前日高値を割らずに
反発したポイントでエントリー

応用 technique 113

前日に強かった銘柄の GDは狙い目

米国相場と日本株の 連動性に注目して寄付を確認

日本株は前日の米国株相場の動きに連動しやすいため、米国株が大きく下げると翌日の東京相場も全体として下げて始まり、多くの銘柄が前日終値から大きくGDした状態で寄り付くことが多い。

だが、下げの圧力は一時的で、安く始まっても窓を埋めてもとのトレンドに戻ることが多いため、この上昇を狙った買いで入ることができる。

ただし、これは日足など長い時間軸で大きなトレンドが出ていることが前提。

寄付後の安値を更新するかどうかを確認後、更新せずに反発したらエントリーの準備をしよう。

GDしても戻すケース

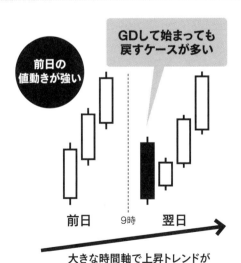

GDして始まっても戻すケースが多い

前日の値動きが強い

前日　9時　翌日

大きな時間軸で上昇トレンドができていることが前提

Wボトムは
強い上昇のサイン

ネックライン抜けが
エントリータイミング

　強い上昇転換の代表的なチャートパターンに、Wボトムがある。名前の通り、2つの谷をつくり「W」の字に似た状態になることだ。

　下降トレンドからいったん反発するも安値が前回の安値と同じ水準まで下がってくることがある。ここで下げ止まり、前回の高値（ネックライン）を上抜いたところがエントリーポイントとなる。前回の高値を上抜けることで、買いが優先だと判断されるため、買いが集まりやすくなるのだ。

　また、このネックラインの抜けと同時に出来高が急増してくると、より強い上昇のサインとして見ることができる。

Wボトムのイメージ

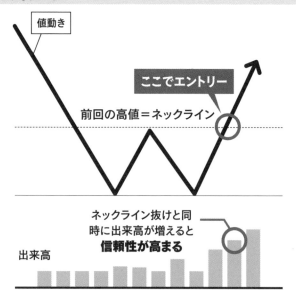

値動き

ここでエントリー

前回の高値＝ネックライン

ネックライン抜けと同時に出来高が増えると
信頼性が高まる

出来高

基本
lecture
115

ヘッド＆ショルダーズ・トップで相場の反転を判断する

海外からも注目される
チャートパターン

　ダブルトップやダブルボトムと同様に、相場の反転を示す「三尊」「逆三尊」も重要なチャートパターンである。三尊は３つの山（高値）、逆三尊は３つの谷（安値）で構成され、真ん中の山（谷）が一番高い（低い）形状となる。三尊は３つの山の間にできる２つの安値、逆三尊は３つの谷の間にできる２つの高値を結んだ線がネックラインとなり、株価がネックラインを上抜け、下抜けることで三尊、逆三尊が形成され、トレンドの反転サインとなる。

　三尊、逆三尊は大相場の後に出現することが多く、出現回数は少ないものの市場参加者に意識されやすく、トレンドの転換点となる可能性が高いチャートパターンだ。海外ではヘッド＆ショルダーズ・トップ、ヘッド＆ショルダーズ・ボトムと呼ばれ、注目されている。

トレンドの天井がわかる三尊

[月島ホールディングス（6332）　4時間足　2024年3月〜4月]

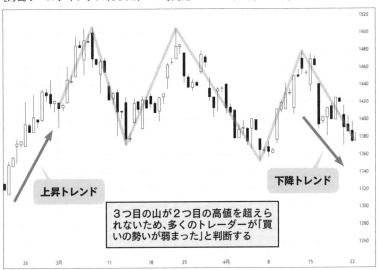

上昇トレンド

下降トレンド

３つ目の山が２つ目の高値を超えられないため、多くのトレーダーが「買いの勢いが弱まった」と判断する

大きな株価上昇が見込める カップ・ウィズ・ハンドル

IPOセカンダリー投資で 現れることが多い

カップ・ウィズ・ハンドルは、下降トレンドから上昇トレンドに転換し、その後大きな上昇が見込める強いチャートパターンだ。

下降トレンドから緩やかに上昇に転じ、前回の高値と同水準になったとき、ここがネックライン（抵抗線）となり、やれやれ売りの発生などで、いったん株価が下落する。下落後に反発し、カップの柄の部分が形成され、抵抗線を上抜ければ、強い上昇のサインだ。

同時に出来高も急増するポイントでエントリーとなる。

これはIPO株によくみられるチャートパターンでもあるため、IPOセカンダリー投資に役立つだろう。

カップ・ウィズ・ハンドルのイメージ

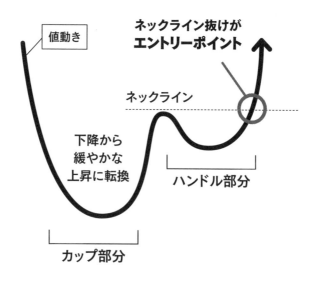

値動き

ネックライン抜けが
エントリーポイント

ネックライン

下降から
緩やかな
上昇に転換

ハンドル部分

カップ部分

やれやれ売り ▶ 株価が想定と反対に動いた後、もとの価格に戻ってきた際に、含み損を抱えていたトレーダーが、決済注文を出すこと

応用
technique
117

ダマシを利用した「タートル・スープ」手法

過去20日間の安値に注目

ブレイクアウトを狙っても「ダマシ」にあうことが多いが、この「ダマシ」を逆に利用する「タートル・スープ」という有名な短期売買の手法がある。①過去20日間の最安値を更新、②前回の過去20日間の安値を更新したのが4日以上前、③株価がその安値を上回り、④その日の値幅が4日間で最大なら、エントリーする。

うまくいけば底値（一定期間中での一番低い株価）を拾うことができるが、「ダマシ」ではなく本当のブレイクアウトとなった場合は損失が大きくなる。ハイリスクハイリターンの投資法なのだ。エントリーと同時に損切り注文を入れておくのがよいだろう。

タートル・スープのイメージ

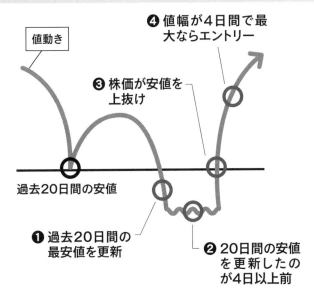

値動き

❹ 値幅が4日間で最大ならエントリー

❸ 株価が安値を上抜け

過去20日間の安値

❶ 過去20日間の最安値を更新

❷ 20日間の安値を更新したのが4日以上前

酒田五法を使って
トレンドのサインを分析する

酒田五法は
買いと売りのサインを示す

　酒田五法は、江戸時代の米相場で活躍した本間宗久が考案した日本発の分析手法で、200年以上親しまれている。「三山」「三川」「三空」「三兵」「三法」の5つのパターンからなり、買いと売りのサインを示す。

酒田五法のサインで
売買判断を行う

　三山は、3つの山が特徴的なチャート形状で、相場の天井や大底で出現すると反転のサインとなる。トリプルトップやトリプルボトムとも呼ばれ、2つ目と3つ目の山の間で引いたラインを「ネックライン」と呼び、このラインをブレイクすることで転換が確認される。

　三川は、3つのローソク足からなるパターンだ。「三川宵の明星」は、「陽線→十字線（またはコマ）→陰線」の組み合わせで、下降トレンドへの転換を示唆する。一方、「三川明けの明星」は、「陰線→十字線（またはコマ）→陽線」の組み合わせで、上昇トレンドへの転換を示唆する。

　三空は、ローソク足が上昇か下降のどちらか一方向に進んでいる際に、窓が3つ出現するパターンだ。上昇相場で「三空踏み上げ」が出現すれば天井を暗示し、下降相場で「三空叩き込み」が出現すれば底を暗示する。

　三兵は、3本の連続したローソク足の組み合わせからなるパターンだ。「赤三兵」は、3本の連続した陽線が現れ、強気相場を表す。一方、「黒三兵」は、3本の連続した陰線が現れ、弱気相場を表す。

　三法は、トレンドの継続や転換を判断するパターンで、大陽線や大陰線を含む3本のローソク足の組み合わせからなる。上昇相場では「上げ三法」、下降相場では「下げ三法」と呼ばれ、トレンドの継続やブレイク後の転換を示唆する。

　酒田五法は、シンプルな形状ながら買いと売りのサインを的確に捉えることができ、スイングトレードなどの中期売買で活用しやすい分析手法である。

三川宵の明星が現れたら下降トレンドのサイン

［サカタのタネ(1377)　日足　2023年12月～2024年2月］

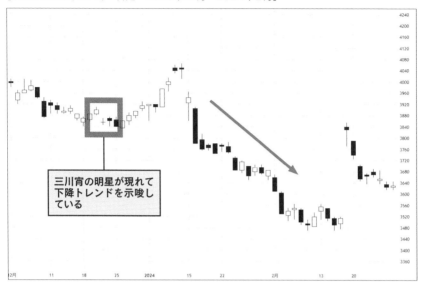

三川宵の明星が現れて
下降トレンドを示唆し
ている

三空叩き込みが現れたら天井のサイン

［東京エレクトロン(8035)　日足　2024年4月～5月］

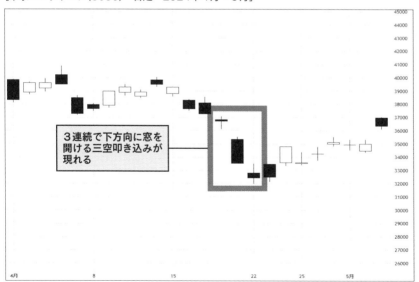

3連続で下方向に窓を
開ける三空叩き込みが
現れる

直近の損益状況を
5SMAで確認する

ウルフ村田

直近1週間の成績を
チャート上で把握する

テクニック104では、月足の5SMAを使って値動きの方向性を確認するテクニックを解説したが、売買の具体的なタイミングを図る際では、日足での5SMAを活用できる。

買いエントリーで利益を取るには、日足の5SMAの上で、株価が規則的に推移しているときを狙うのだ。ここでいう規則とは、一定の幅で高値と安値が更新されており、支持線や抵抗線を綺麗に引ける状態のこと。

当然だが、日足の5SMAより上を推移するということは、直近の1週間での上昇の継続を示す。市場参加者は「成績がいいからまだ保有しておこう」と考えるため株価が下がりづらいのだ。反対に、空売りのエントリーで利益を取るには、ローソク足が日足の5SMAの下で規則的に推移しているときを狙うのが望ましい。

規則的な値動きをする銘柄でトレード

[レーザーテック（6920） 日足 2022年8月～11月]

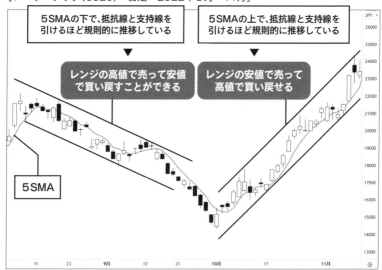

5SMAの下で、抵抗線と支持線を引けるほど規則的に推移している

レンジの高値で売って安値で買い戻すことができる

5SMAの上で、抵抗線と支持線を引けるほど規則的に推移している

レンジの安値で売って高値で買い戻せる

5SMA

移動平均線を使って
トレンドの転換を見極める

WMAやEMAを使うと
シグナルを素早く察知できる

　移動平均線は、株価の平均値を一定期間にわたって算出し、つないだ線である。最もシンプルなのが単純移動平均線（SMA）だが、直近の値動きに対する反応が鈍いという弱点がある。これを克服するために生まれたのが、指数平滑移動平均線（EMA）と加重移動平均線（WMA）だ。EMAとWMAは直近の株価に比重を置いており、SMAと比較して株価の動きに敏感に反応するのが特徴だ。

　グランビルの法則売りパターン①のように、トレンド転換のサインを移動平均線で見極める際は、WMAやEMAを使うことでより早くシグナルを察知することができる。

　ただし、EMAやWMAは直近の株価の比重を大きくする分、急なトレンドの変化に反応しやすく、ダマシが生じる可能性もあるため、複数の時間軸での確認が重要である。

3種類の移動平均線を使う

[百五銀行（8368）　日足　2024年1月〜4月]

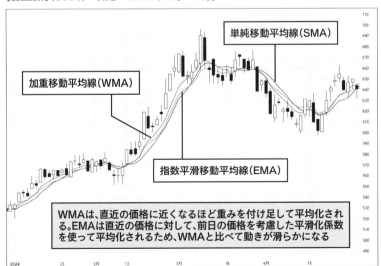

単純移動平均線（SMA）

加重移動平均線（WMA）

指数平滑移動平均線（EMA）

WMAは、直近の価格に近くなるほど重みを付け足して平均化される。EMAは直近の価格に対して、前日の価格を考慮した平滑化係数を使って平均化されるため、WMAと比べて動きが滑らかになる

2本の移動平均線で
トレンドの変化を察知する

■GCとDCはトレンドの変化を察知するシグナル

「ゴールデンクロス（GC）」と「デッドクロス（DC）」は異なるパラメーターの2本の移動平均線を用いて判断する。

一般的に、パラメーターの小さい方を「短期線」、大きい方を「長期線」と呼ぶ。

GCは、短期線が長期線を下から上に突き抜けた状態を指し、買いシグナルとして認識される。一方、

DCはその逆で、短期線が長期線を上から下に突き抜けた状態を指し、売りシグナルとされている。

GCやDCが生じるということは、「短期的なトレンドと長期的なトレンドが逆転した」と解釈できる。したがって、GCやDCは、トレンドの変化を事前に察知するのに有効であり、GCなら買い、DCなら売りと、シンプルに判断することもできる。

ゴールデンクロスは上昇トレンドのサイン

［リミックスポイント（3825）　1時間足　4月～5月］

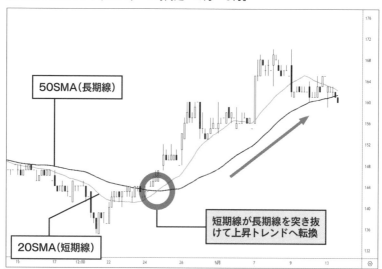

50SMA（長期線）

20SMA（短期線）

短期線が長期線を突き抜けて上昇トレンドへ転換

デッドクロス　▶ 移動平均線の短期線が中期線や長期線を下抜けること。株価が下落するサインとされている。両方の線が下がっているとより信頼が高いといわれている

基本
lecture
122

短期的な値動きと同時に 長期的な方向性を把握する

■ 複数のローソク足を 組み合わせて分析する

　FXでは広く使われている、移動平均線を使った「マルチタイムフレーム（MTF）」は、ひとつのチャート上に異なる時間軸のローソク足を同時に表示させる手法である。例えば、1時間足のチャートに日足のローソク足を併せて表示することで、短期的な値動きを確認しつつ、同時に長期的な方向性も把握することができる。時間軸の組み合わ

せは自由で、スキャルピング用に5分足と30分足を組み合わせたり、スイングトレード用に4時間足と週足を組み合わせるなど、トレードスタイルに合わせて活用できる。

　さらに、同じチャート上に「1時間足の20SMA」「4時間足の20SMA」「週足の20SMA」を表示させることで、「週足レベルのトレンド転換」と「時間足レベルのトレンド転換」が重なるポイントを発見しやすくなる。

■ マルチタイムフレームの例

[SDSホールディングス（1711）　1時間足　2024年3月〜4月]

※MFTが使えるツールやサイトは限られているが、トレーディングビュー（https://jp.tradingview.com/）などで利用可能

大きな山ができた後は
デッドクロスで売りを入れる

ようこりん

リスク大

大きな山の後には
急落が起こりやすい

チャートに大きな山ができた後は、反動で株価の急落が起こりやすい。下図のチャートでも、上昇が急に途絶えて急落へ転じている。このとき、SMAの短期線が中期線を下回るデッドクロスが発生しているが、これは下降トレンドへの転換サインのためここで売りを入れよう。

数カ月単位でスイングトレードを行う場合、ローソク足が調整の度に決済したくなるが、50SMAの付近で反落しており、上昇トレンドには転換していない。信用倍率も参考にしつつ、辛抱強く保有するとよいだろう。さらに、デッドクロスの発生から5カ月後に下落が一度止まっているが、これは制度信用の期限が6カ月であり、多くの投資家が期限前に空売りを決済をしたためと考えられる。これを予見できていれば、底値で決済できる可能性が高い。

デッドクロスで売りを入れ、6カ月後に決済する

[ファーストリテイリング（9983）　日足　2020年9月～2021年12月]

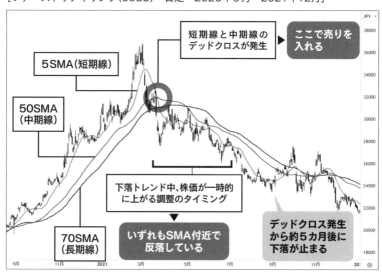

5SMA（短期線）

50SMA（中期線）

短期線と中期線のデッドクロスが発生

ここで売りを入れる

下落トレンド中、株価が一時的に上がる調整のタイミング

いずれもSMA付近で反落している

デッドクロス発生から約5カ月後に下落が止まる

70SMA（長期線）

三尊　　　▶相場の天井を示すチャートパターンのこと。高値の更新を2度続けるものの、3度目は高値を更新できずに下降する

トレンド中の出来高急増は転換のサイン

出来高急増時は安易な順張りは危険

チャートや出来高は、いわばその銘柄の「履歴書」である。

例えば、下落相場の最後に参加者の大半が弱気になり、大量の売り注文が相次ぐことで相場が急落する状況のことを「セリングクライマックス」と呼ぶが、こうした下げ続ける状況で大きな出来高を伴った陽線が出ると、上げ基調になることが多い。セリングクライマックスの反対、つまり上昇相場の最後に大量の買い注文が出ることで急上昇する状況を「バイイングクライマックス」というが、上げ続けている銘柄に大きな出来高で陰線が出きると、下げ基調に転換することが多い。

また、酒田五法の「三尊」や「逆三尊」のように、トレンド転換を確認してから入っても遅くはない。

出来高を伴って反転する例

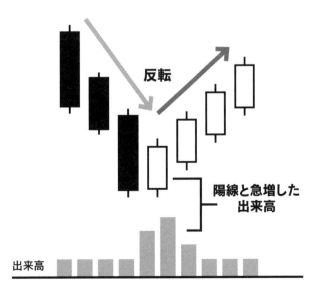

反転

陽線と急増した
出来高

出来高

価格帯別出来高を利用して利ざやを獲得する

現在の株価が 高いか安いかを判断する

価格帯別出来高を見て、重い（よく売買されている）価格帯と、軽い（それほど売買されていない）価格帯を把握しておくとよい。

例えば、1500円付近で売りが多い場合、1500円で利益確定したい投資家が多いということになる。そのため、株価は1500円以上にはなりにくい。すると、早く利益確定したい投資家が1500円より安い値段で売ることになり、1500円付近で株を買い入れた人たちが取り残されていく。この現象を「上値が重くなる」という。

このように、重い価格帯で売買される機会が多い。つまり、株価は重い価格帯まで変動するとも捉えられる。したがって、あえて軽い価格帯で買い入れ、重い上値まで上昇することを狙って利ざやを獲得していくとよいだろう。

価格帯別出来高で売買のタイミングを見る

［イオンファイナンシャルサービス（8570）　日足　2022年1月〜4月］

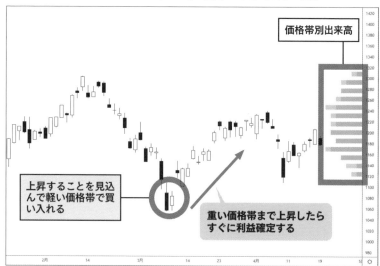

価格帯別出来高

上昇することを見込んで軽い価格帯で買い入れる

重い価格帯まで上昇したらすぐに利益確定する

基本
lecture
126

ボリンジャーバンドは
広がり＆＋2σで順張り

＋2σを超えてくると
方向感に勢いが出やすい

　ボリンジャーバンド（BB）とは、移動平均を表す中心線と、その上下に値動きの幅を示す線であるσを加えたチャート。「2σの線なら95％の値動きがこのなかに収まる」という統計学を応用した指標だ。

　5本の線の間をバンドといい、バンドが細く収束しているとき（スクイーズ）は値動きが小さくなっているとわかる。それが急に拡大し、5本線がラッパのように広がったとき（エクスパンション）は値動きが大きくなったということ。そして価格が「＋2σ」を超えてきたら、通常95％収まっている範囲を超えるほど強い動きであり、それに順張りで乗るのが効率がよい。下図では、＋2σをしっかりと上抜けてから強い上昇トレンドが発生している。こうしたタイミングではデイトレでもスイングでも、順張りが利益を得やすくなる。

＋2σ抜けで上がった例

[レーサム（8890）　日足　2022年1月〜4月]

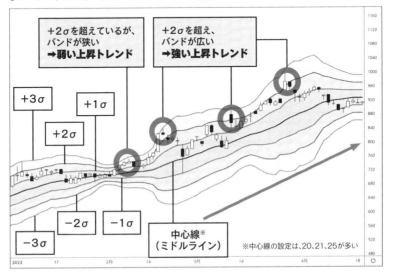

+2σを超えているが、バンドが狭い
→弱い上昇トレンド

+2σを超え、バンドが広い
→強い上昇トレンド

+3σ
+2σ
+1σ
−1σ
−2σ
−3σ

中心線※
（ミドルライン）

※中心線の設定は、20、21、25が多い

「三役好転」は強い買いシグナル

3つのサインに注目して転換を見極める

一目均衡表には「三役好転」という強い買いシグナルがあり、次の3つの条件が揃う必要がある。①転換線が基準線を上抜ける（均衡表の好転）、②遅行スパンがローソク足を上抜ける（遅行スパンの好転）、③①②の後にローソク足が雲を上抜ける。この3つのシグナルが出たときは、強い上昇トレンドを示し、絶好の買いのエントリーポイントとな

る。

また同時に転換線が基準線より下にあるときは強気であることが表され、基準線と転換線がともに上昇していれば株価は上昇トレンドとなる。これを大前提とすることで「三役好転」によるエントリーをより確実にできるのだ。世界的に使われている指標のため、投資家心理がどの方向に向いているのかを探るにも役立つ。

三役好転の例

[FPG(7148)　日足　2023年9月〜12月]

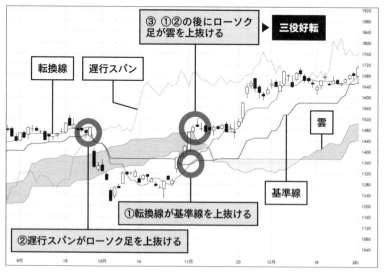

③ ①②の後にローソク足が雲を上抜ける ▶ 三役好転

転換線　遅行スパン　雲

基準線

①転換線が基準線を上抜ける

②遅行スパンがローソク足を上抜ける

一目均衡表　　▶ 基準線、転換線、遅行線と、2本の先行スパンで構成された雲が特徴のテクニカル指標

応用
technique
128

一目均衡表での
遅行スパンの活用法

シンプルにトレンドを
分析できる遅行スパン

一目均衡表は「一目（ひとめ）」でわかるといわれるように直感的にわかりやすいテクニカルである。

しかし、実際は非常に奥が深く、かなり腰を据えて勉強しなければならないため、雲など一部だけを切り出して利用されていることも多い。ほかにも、遅行スパンは現在の足を26本分後ろにずらした線で、単純に遅行スパンがロウソク足を上回っていれば「買い」と考え、遅行スパンがロウソク足を下から上に抜けたところを狙う。これはゴールデンクロスの考え方と似ており、トレンドとして分析できる。

例えば三菱商事（8058）は、2023年11月29日に遅行スパンがローソク足を上放れした後、2023年12月14日に上昇トレンドに転換し、大きく上昇している。

遅行線の上抜けサインが出た例

［三菱商事(8058)　日足　2023年11月～2024年3月］

遅行スパンが株価を上抜けて大きく上昇した後、上昇トレンドに転換している

遅行スパン

上昇トレンド

遅行スパン　　　▶ 当日の終値を、ローソク足26本分後ろ（チャート左側）に表示させた線

基本 lecture 129
ストキャスティクスは
利確の目安として使う

■ 80%を下抜けたタイミングを確認して利確

　ストキャスティクスは、「買われすぎ」「売られすぎ」を示すオシレーター系のテクニカル指標であるため、逆張りエントリーの基準として解説されることも多い。

　しかし、いったんトレンドができると、値動きが値動きを読んで加速することが多いため、ストキャスティクスで買われすぎの水準になったとしてもトレンドが継続する可能

性が高く、指標通りに逆張りで入っても損をしがち。

　だが、いわれている通りの見方でなく、ポジションを持った状態で、ストキャスティクスが80%のラインを下抜けるタイミングを利確ポイントの目安として利用することはできる。

ストキャスティクスの活用例

[コスピベア（2034）　日足　2024年1月〜4月]

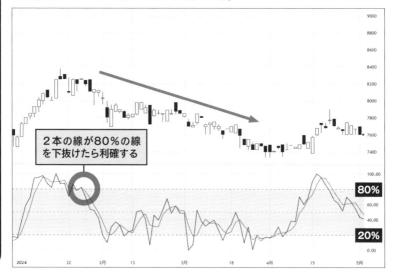

2本の線が80%の線を下抜けたら利確する

オシレーター系　▶ テクニカル指標のタイプのひとつ。銘柄の買われすぎ、売られすぎを判断するもの

応用 technique 130
RSIは逆張り指標だけではなく 順張り指標としても使える

50%より下か、上かで トレンド継続を確認

オシレーター系の代表であるRSIは「売られすぎ」「買われすぎ」の逆張り指標と解説されることが多い。セオリーでは、RSIが80％を超えたら「買われすぎ」、20％を下回ったら「売られすぎ」とされている。しかし、実際は買われすぎのラインを超えてもトレンドが続くことが多い。

そこで、見方を変えて、50％のラインより上にある限りは「買い継続」、下回ってきたら「利確」、とすることで順張りの指標として使うことができる。

利確はもちろんRSIが50％を下回らずに、価格が反転するような場合には、押し目買いの基準としても使える。

50%より下か上を見る

[サンリオ(8136) 日足 2023年12月～2024年4月]

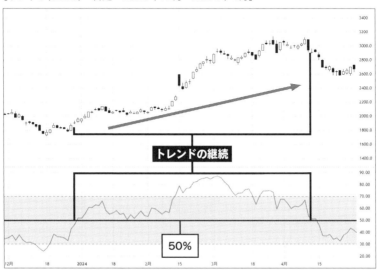

トレンドの継続

50%

2本線のRCIで相場の転換点を探り長くトレンドに乗る

基本
lecture
131

トレンド転換を確認してから買う

順張りのスイングでは、株価の転換点を把握することが大事。

その把握が早いほど、長くトレンドに乗ることができる。

そこで有効なのがRCI（Rank Correlation Index）。RCIは相場の過熱感を測るテクニカル指標で、通常、RCIが80%以上になると買われすぎを示すため売りサインとなる。−80%以下になると売られす

ぎと判断され買いサインとなる。

スイングで買う場合、株価の大底で買うのが理想的ではあるが、底を的確に見極めるのは難しく、下落中やヨコヨコの状態で買うとさらに一段下がるリスクもある。

本来RCIは1本の線で構成されているが、設定の違う線をもう1本追加して、RCIの2本の線が交差し、トレンドが上向きに変わったことを確認してからのほうがリスクが低くなる。

RCIを表示させた例

[三菱UFJフィナンシャル・グループ（8306）　日足　2022年7月〜8月]

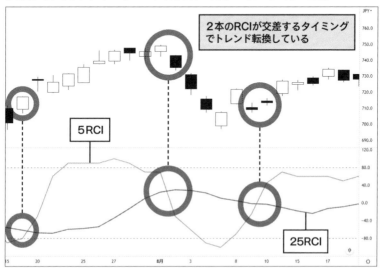

2本のRCIが交差するタイミングでトレンド転換している

5RCI

25RCI

ヨコヨコ　　▶ 株価が上昇も下降もせず、横ばいが続いている状態のこと

応用
technique
132

短期の押し目買いの基準に
2本線のRCIを使う

■ 短期が上向くタイミングで
エントリーする

RCIはオシレーター系のテクニカル指標ではあるが、トレンドが発生しているときでも有効に使うことができる。

RCIを長期と短期で2本（3本表示するツールもある）表示させ、上昇トレンドの場合は長期をトレンド継続の判断、短期はトレンドの合間に入る調整の有無を判断というように、2つの目線で見てみよう。

トレンドが発生していると長期は100%に近づく形で横ばいになるが、短期はその間の調整に反応して上下する。この短期がいったん下がった後に上向きに変わるポイントをエントリータイミングとして使うことで押し目買いが可能になる。

■ RCIを押し目買いに使った例

[日本製鉄(5401) 日足 2022年11月〜2023年3月]

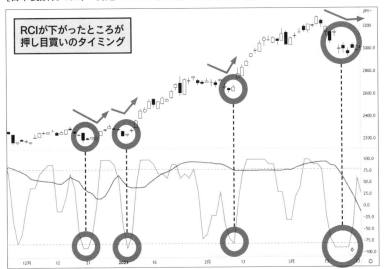

RCIが下がったところが
押し目買いのタイミング

オシレーター系の指標は「切り返し」を確認すべき

ウルフ村田

一定の値に到達しただけではダマシの可能性がある

相場の過熱感を把握するためによく使われるオシレーター系指標。

RSI（テクニック130参照）やRCI（テクニック131、132参照）などが定番だが、これらのテクニカル指標は共通して「切り返し後」に注意すべきである。

一般的な解説では、例えばRCIは±80%のラインに注目すべきだとされ、上下どちらかが±80%ライン到達すると「売られすぎ」「買われすぎ」と判断される。しかし指標がラインに「到達」したポイントは「上昇・下降どちらかへの過熱感が高まっている状態」であり、価格はすぐに反転するとは限らず、しばらくは勢いが続くことが多い。下図のチャートでも、切り返し後にトレンドが転換しているのがわかる。

このように、オシレーター系指標全般で、「切り返す」ポイントに注目しておきたい。

オシレーター系の指標は切り返したタイミングで売買する

[広済堂HD（7868）　1時間足　2023年5月22日〜6月1日]

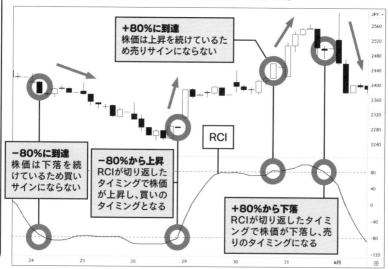

MACDを使って
いち早くトレンドを確認

基本
lecture
134

ダマシが出やすい
デメリットもある

MACDは、「短期EMA－長期EMA」によって算出されたMACD線と、MACDの数値をもとにしたSMA（単純移動平均線）で表示されたシグナル線の2本のラインで構成されている。このMACDを使うとトレンドの発生地点をいち早く把握できる。

MACD線がベースとしているEMA（指数平滑移動平均線）は、SMAで表示されたシグナル線よりも直近の終値を重視した計算式であるためトレンド発生のサインが比較的早く出やすくなるからだ（テクニック120参照）。

一方でサインが早いということはレンジなどでダマシが発生しやすくなるというデメリットもある。

MACDのサインだけをうのみにせず、ほかのサインと併せて見ていくことが必要だ。

MACDを表示させた例

[プラスアルファ・コンサルティング（4071） 日足 2024年1月～3月]

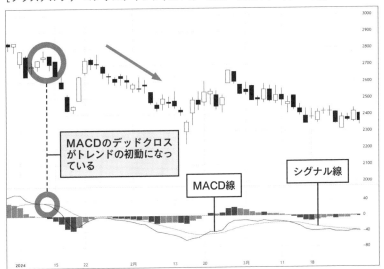

ADXが30以上で上昇トレンド 持続の程度を把握する

基本
lecture
135

トレンドの強さを はかる指標

株価のトレンドを確認する方法には、移動平均線が最もポピュラーに使われているが、そのトレンドの強弱も合わせて知っておくと持続の程度がわかるだろう。

トレンドの強弱をはかるのはADXという順張りの指標が使える。

ADXは価格の上昇力を表すラインである＋DMIと、価格の下落力を表すラインの－DMIで構成され、

＋DMIが－DMIを上回っていれば、その株は上昇力が強いとされる。

同時にADXが30以上あれば、上昇トレンドが強い、と判断できる。

移動平均線の向きなどの指標と合わせて見るとより効果的だろう。

ADXを表示させた例

［カプコン（9697）　日足　2023年11月〜2024年3月］

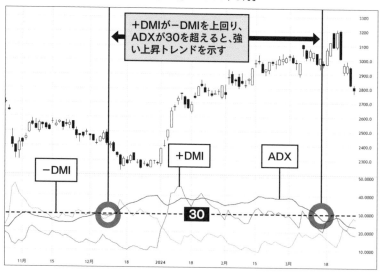

＋DMIが－DMIを上回り、ADXが30を超えると、強い上昇トレンドを示す

−DMI

＋DMI

ADX

30

応用
technique
136

底値探知法で
割安に株を購入する

川合一啓

底値探知法は
買いのスイングトレード

相場には短期的に売られすぎている銘柄が存在し、そのなかには大きく反転上昇をする可能性が高いものがある。「底値探知法」はそうした銘柄を狙う手法だ。

売られすぎている銘柄かどうかを判断するテクニカル指標の条件は、①ボリンジャーバンドの日足終値が－2σに触れている。②25日移動平均かい離率が－10%以下。この2点を満たしている銘柄を探し監視する。そして、10日以内に以下の2つのサインが出たら反転上昇する可能性が高い。ひとつ目は、ローソク足が陽線であること。2つ目は、前日の高値よりも当日の高値が高くなっていること。この条件に合致した銘柄でエントリーするかを検討する。銘柄選びに慣れれば、月に10%以上の利益を狙える損小利大の手法だ。

移動平均かい離率とローソク足のサインで買いを入れる

[メドレー(4480)　日足　2022年9月～11月]

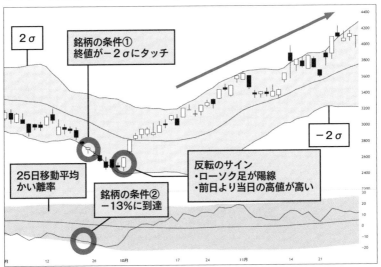

- 2σ
- 銘柄の条件①
  終値が－2σにタッチ
- 25日移動平均
  かい離率
- 銘柄の条件②
  －13%に到達
- 反転のサイン
  ・ローソク足が陽線
  ・前日より当日の高値が高い
- －2σ

応用 technique 137

下げ相場で儲ける トルネード1%急降下砲

川合一啓

■ トレーダーの人間心理と 株式相場の流れが重要

株式市場は9時〜10時30分の間に活発に動くが、その後は利益確定やポジションを減らすための売りが出やすくなる。また、10時30分までにローソク足や出来高で過熱感が出ると反転下落が起きやすくなる。この相場心理を利用して空売りができる。対象銘柄の条件は「グロース市場かスタンダード市場の新興銘柄」「ティック回数ランキングが概ね20位以内」「上昇率が過去10分で2%以上」の3つ。すべての条件を満たした銘柄が見つかれば、具体的なエントリータイミングを探るために5分足チャートを表示させる。5SMAからローソク足が離れ、出来高が増加したら売りのエントリーチャンスだ。日足の抵抗線も意識しつつ、過熱感が出たポイントでエントリーする。ただし、グロース市場では売りトレードができない銘柄が多いので一日信用取引で行おう。

10時30以降の値動きの下落を狙った手法

[PKSHA TECHNOLOGY(3993)　5分足　2023年6月16日]

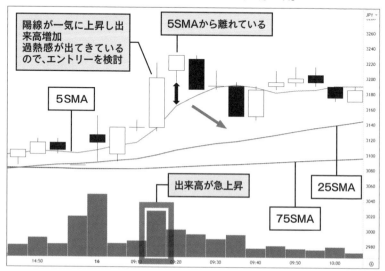

陽線が一気に上昇し出来高増加　過熱感が出てきているので、エントリーを検討

5SMAから離れている

5SMA

出来高が急上昇

25SMA

75SMA

ティック回数ランキング　▶ 取引数が多い銘柄のランキング。株探などのサイトで閲覧できる

162

応用 technique 138 急騰銘柄傍受システムで 上昇する銘柄を探す

川合一啓

急騰銘柄の初動を 掴んで大きな利益を得る

「急騰銘柄傍受システム」は、急騰する銘柄の初動を狙った手法だ。

まず、取引が活発な銘柄に絞るため、投資情報サイトのティック回数ランキングで20位以内の銘柄のみを対象とする。ランクインした銘柄の日足チャートを見て、①上昇トレンド・上場来高値・年初来高値を更新している。②日足で直近のローソク足が5SMAと近い。のどちらにも当てはまっているかを確認しよう。

2つともクリアしていれば、5分足チャートで、③当日の出来高が過去数日と比べて大きいかを確認する。当日の出来高が大きければすべてクリアできた銘柄があれば急騰する可能性が高いため、すぐに買いエントリーを入れよう。さらに、5分足で株価が下がってもすぐに下ヒゲが出ていれば買いが強く、より急騰の可能性が高い。

チャートからわかる急騰する銘柄の特徴

[エクサウィザーズ(4259) 日足 2023年1月～6月]

①年初来高値を更新、かつ②5SMAとローソク足が近い

75SMA

25SMA

5SMA

[エクサウィザーズ(4259) 5分足 2023年6月2日～6月6日]

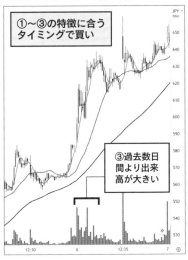

①～③の特徴に合うタイミングで買い

③過去数日間より出来高が大きい

長短のHVのくせを活用し
大きなリターンを得る

■ 短期HVと長期HVの 間隔に注目

　短期で利益を上げたい投資家にとって、オシレーター系テクニカル指標「ヒストリカル・ボラティリティ（HV）」を使えば株価の動きやすさを探ることができる。HVは「歴史的変動率」と呼ばれ、株価が過去にどれだけ動いたかをはかる指標だ。

　ボラティリティが通常より高くなっていれば、それだけ通常の水準

に戻ってくるという「くせ」を活用する。例えば、過去５日のHVが10、過去200日のHVが15だとしたら、短期HVも15に近づいてくるということだ。この場合、短期HVが長期HVの半分程度まで下がっていると株価の動きも大きくなるとされる。そこからトレンドを把握していると大きなリターンを得られる可能性がある。

■ HVからトレンドを把握する

[ダイキン工業（6367）　日足　2022年8月～2023年2月]

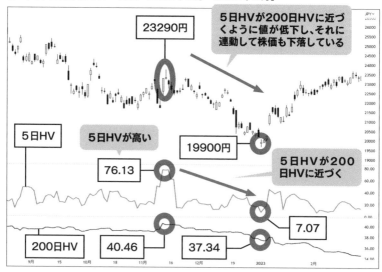

5日HVが200日HVに近づくように値が低下し、それに連動して株価も下落している

23290円

5日HV

5日HVが高い

76.13

19900円

5日HVが200日HVに近づく

200日HV

40.46

37.34

7.07

基本 lecture 140

VWAPは支持線や抵抗線として見る

VWAPを株価が下回ったら買い

VWAPとは売買高加重平均価格のことで、取引所で当日に成立した価格を価格ごとの出来高で加重平均した値。つまり、株を保有している全員の損益の合計を平均したもので、VWAPが株価を上回っている場合は全員の損益を合計するとプラス、株価を下回っている場合はマイナスになっているという見方をする。

例えば、VWAPが500円で株価が505円だとすると、株を持っている人の半分が5円の含み益が発生している状態で、強気の相場といえる。

このことから、VWAPは支持線や抵抗線として機能することが多い。VWAPと株価がかい離すると、株価がVWAPに吸い寄せられるように戻る。VWAPと株価がかい離しているポイントを押し目買いや戻り売りの目安として捉えるとよい。

VWAPを使った売買のタイミング

[コナミHD（9766） 1時間足　2022年4月8日～20日]

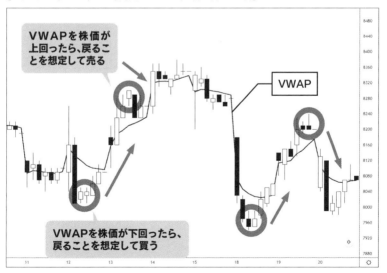

VWAPを株価が上回ったら、戻ることを想定して売る

VWAP

VWAPを株価が下回ったら、戻ることを想定して買う

VWAP　　▶ 1日の売買代金÷1日の出来高で算出される

使い慣れたテクニカル指標でデイトレの判断を

ようこりん

使い慣れた指標を組み合わせてチャンスを掴む

　基本的には使用するテクニカル指標を絞ったほうがわかりやすいが、使い慣れたものであれば組み合わせて使うのも一手だ。私はデイトレで、一目均衡表（テクニック127参照）、RSI（テクニック130参照）、ストキャスティクス（テクニック129参照）をよく利用する。いずれかの指標が買いサインを出したり、買いサインが重なったタイミングで

エントリーしよう。下図のチャートでは、ストキャスティクスが急落して買いサインを示した。また、一目均衡表の雲がローソク足の下にあるときは雲が支持線になりやすいため、下落しづらいと予測できる。結果、この日は日経平均株価の地合いが強く上昇していった。地合いが強い日はどこで利確をしても問題ないが、下図において利確の目安をつくるとしたら、RSIが70%を超えて切り返したタイミングなどとなる。

3つのテクニカル指標を使ったデイトレ

[オリエンタルランド（4661）　5分足　2023年4月17日～18日]

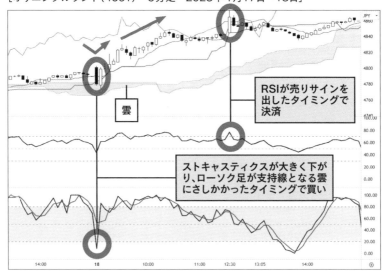

雲

RSIが売りサインを出したタイミングで決済

ストキャスティクスが大きく下がり、ローソク足が支持線となる雲にさしかかったタイミングで買い

多くの人が見る指標は
信頼度が高い

多くの人が見ている指標は
株価に与える影響が大きい

　テクニカル分析の指標は複数あり、それぞれ活用できるポイントや信頼度が異なる。信頼度という点ではどれだけ多くの人が見ているかが大事。というのは、多くの人が見ている指標ほど、テクニカルのサインが売買の判断に影響しやすくなり、株価を動かす要因になるからである。例えば、ローソク足と移動平均線はテクニカルで売買する人なら

ほとんど見ている。そのため、ローソク足が25SMAに近づくと反発が意識され、その付近で買う人が増える。下抜けたときに売る人が増え、下落スピードが増したりする。指標を使う際には、知名度や認知度を意識することが重要だ。

見ている人が多いポイントは反応しやすい

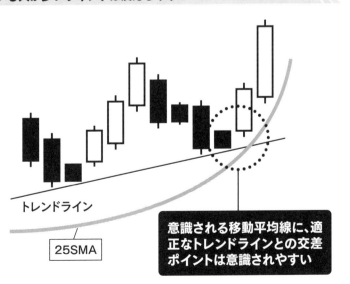

トレンドライン

25SMA

意識される移動平均線に、適正なトレンドラインとの交差ポイントは意識されやすい

チャートの時間軸を同期させ 3つの時間帯を見比べる

短い時間軸から 変化が起きる

　自分の売買の中心となる時間軸を中心に、それよりも長い時間軸と短い時間軸の3つのチャートを並べてみると、相場の動きが見えてくる。

　30分程度の間隔で売買を繰り返していく場合、15分足であれば売買タームのうち2回は足を描くこととなり、反応がよくなる。そして、15分足を中心に長い時間軸として1時間足を、短い時間軸は3分足を並べる。

　短い時間軸は、状況の変化にいち早く反応する。それが次第に長い時間軸に波及していく。短い時間軸に反応が早い分、ダマシが増えるが、長い時間軸に行くほどダマシの回数が減っていく傾向にある。

　短期の時間軸の役割は値動きの初動の把握、長期の時間軸は値動きの方向感の確認していくと、15分足のトレードに役立つ。

3つの時間軸のチャートを並べた例

[ソフトバンクグループ(9984)15分足]

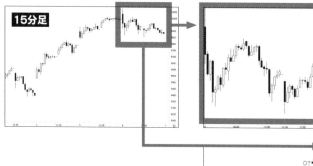

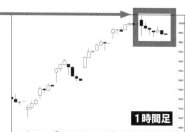

短い時間軸では少しの変化でも捉えることができるが、反面ダマシも多い。自分の取引する時間軸と併せて1段階長い時間軸も見ることで、**ダマシを減らす**ことができる

応用
technique
144

米国株の値動きを見て
売買方針を決める

前日の米国の値動きを
毎朝チェックする

　国内の株式市場と米国の株市場は相関性が高く、その影響を受けやすい。相関性が高い理由としては、国内の株式市場における外国人投資家の影響力が大きいことが挙げられる。

　また、日米の市場は開いている時間が真逆であるため、連続性も生まれる。例えば、ダウ平均株価が上がって終われば、その流れを引き継いで翌朝の日経平均株価もGU（ギャップアップ）することが多く、その反対も起こり得る。

　下図はダウ平均株価でGUとGDが短期間に発生したことで、日経平均株価でも2回反発していることがわかる。米国株市場の値動きが悪かった場合は、国内の株式市場の地合いも悪くなるだろうと想定し、デイトレでは買いを減らし、スイングではポジションを調整するなどの対策を考えるとよいだろう。

ダウ平均株価と日経平均株価の連動性

[ダウ平均株価　日足　2022年7月〜11月]

[日経平均株価　日足　2022年7月〜11月]

ダウ平均株価が反発した翌日、日経平均株価も反発する

ダウ平均株価	▶	ダウ・ジョーンズ工業株平均。米国株式市場の代表的な指標のひとつ。米国を代表する30銘柄で構成される

応用
technique
145

楽観と悲観が共存するなかでの大幅上昇は売り

売りのサインが出たら利確して次のチャンスを狙う

何かの拍子に日経平均株価は大幅に上昇することがある。今後、明るい相場展望が期待できる場合はすぐ売る必要はないが、楽観論と悲観論が共存しているときの大幅上昇は、いったん売りとして考えたほうがよいだろう。

例えば、いい情報と悪い情報の両方が聞こえている状況で、日経平均株価が1日で1000円以上上がった場合は、短期的には売ってもよいサインとなる。また、個別株であれば、ストップ高を数回繰り返したときなども、売りサインのひとつとなる。必ずとはいえないが、大幅上昇した翌日は反落することが多いからだ。

デイトレをする場合は、売りのサインが出たらすぐに利確し、次のチャンスを狙っていくとよいだろう。

日経平均株価が1000円上げて翌日に反落した例

[日経平均株価 45分足 2022年3月8日〜15日]

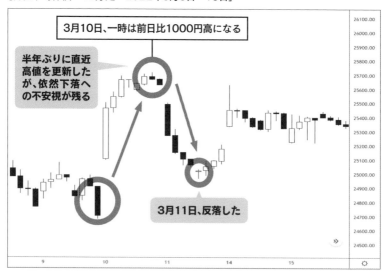

3月10日、一時は前日比1000円高になる

半年ぶりに直近高値を更新したが、依然下落への不安視が残る

3月11日、反落した

相場のサイクルがわかるスクリーニングがある

応用 technique 146

藤本誠之

今の相場のサイクルを確認してから株式投資に挑む

相場は上昇や下落のサイクルを繰り返している。SBI証券の「チャート形状銘柄検索ツール」というスクリーニング機能を使うと、このサイクルの概況を把握できる。

本来、これは「急上昇」「天井」など計25個のチャートの形状に合致する銘柄数と銘柄名がわかるサービス。しかし、考え方を変えると、上昇の形状になっている銘柄数が多

い場面では、相場全体が上昇傾向にあるといえる。つまり、どの形状に該当する銘柄が多いかによって現在の相場を把握できるのだ。

また、上昇したものは必ずどこかで下降する。そのときは「チャート形状銘柄検索」内の数字の偏りが変わり、下降傾向にある銘柄の数が多くなる。その後、下降しきった銘柄はまた上昇し始める。このように、スクリーニング機能を応用して、相場の上下のサイクルを把握しよう。

チャート形状銘柄検索で相場のサイクルを知る

上昇基調の銘柄が多いため、今後は株価堅調が予測できる

各形状の左下にある数字が、該当する銘柄数を示している

SBIのチャート形状銘柄検索ツール(https://chartfolio.sbisec.co.jp/?hashkey=a2bcc606ab24ecbd60a59caf70e3ef3201f6b0aa&ctype=mainsite&site=www.sbisec.co.jp)。

価格帯別出来高を活用すれば利ざやを獲得しやすくなる

DYM07

出来高が多い価格帯は抵抗線や支持線となる

価格帯別出来高は、一定期間の出来高を価格帯ごとにグラフ化した指標で、通常、株価チャートに対し横向きで表示される。これにより、過去に投資家から注目された価格帯（出来高が多い）と、あまり注目されなかった価格帯（出来高が少ない）が一目でわかる。出来高が多い価格帯は、投資家の売買が活発にあったことを意味し、抵抗線や支持線として機能することが多い。

一方、出来高が少ない価格帯は、投資家の関心が低く、株価が素通りしやすい傾向にある。したがって、出来高の少ない価格帯を株価が通過する際は、急騰や急落が起こりやすくなる。

価格帯別出来高を活用することで、抵抗線や支持線となる価格帯を特定、株価がその価格帯を上抜けた（下抜けた）タイミングで売買を行い、利ざやを得やすくなるだろう。

価格帯別出来高を活用する

[第一生命ホールディングス（8750）　1時間足　2024年4月]

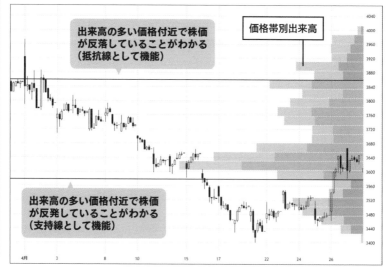

キリのよい株価や節目の価格は投資家から注目される

大台到達前はトレンドが継続しやすい

株式投資において、「1万円」「5000円」といったキリのよい株価や、年初来高値、上場来高値などの節目となる価格は、多くの投資家から注目される「心理的節目」として機能する。このような株価の動きを「大台乗せ」と呼び、その前後の値動きには特徴がある。

大台到達前は、トレンドが継続しやすい傾向にある。例えば、上昇トレンドで株価が1万円に迫っている場合、利益を得ている投資家は「1万円到達までは持ち続けよう」と考え、逆張りを試みる投資家も「1万円までは上昇しそうだ」と判断して手控えるためだ。

ただし、相場の勢いが強ければ、大台を突破後もトレンドが継続する場合がある。そのため、大台付近の値動きだけでなく、出来高やボリンジャーバンドなどの他の指標も合わせて分析することが重要だ。

大台到達前はトレンドが継続しやすい

[フルヤ金属（7826） 4時間足 2023年12月〜2024年3月]

デイトレやスキャルピングでも
長期トレンドを把握しておく

長期トレンドを把握する方法

短期売買であるデイトレードやスキャルピングでは、日々の値動きに焦点を当てがちですが、長期的なトレンドを把握することも重要だ。

長期トレンドを分析する代表的な手法が、移動平均線である。

特に、日足の200日単純移動平均線（200日SMA）は、多くの投資家から注目され、トレンドの方向性を判断する上で重要な指標となっている。

また、一目均衡表やボリンジャーバンドなどのテクニカル指標を併用することで、トレンドの転換点や、トレンドの勢いを詳細に分析することができる。

例えば、200日SMAが右肩上がりで、株価がその上を推移している場合は長期的な上昇トレンドにあると判断でき、一時的な下落があっても数カ月以内に株価が回復する可能性が高いと予測できる。

200日SMAを使ったトレンドの判断

［サンリオ（8136）　日足　2020年1月〜2024年4月］

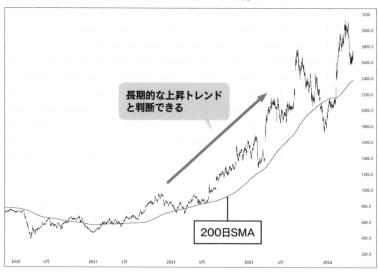

長期的な上昇トレンドと判断できる

200日SMA

ファンダ　メンタルズ

株価に影響を与える要素は
業績、PERやPBRなどの株価指標、
日経平均株価などの株価指数など多様にある。
それらから現在の株価のあり方を分析することを
ファンダメンタルズ分析という。
ここではその注目ポイントや情報収集のテクニックを解説する。

基本 lecture 150

不祥事が起きても
その内容を見極めることが大事

企業の不祥事を機に
株価が急騰することも

経済全体の動きによる株価の急落とは別に、企業の不祥事による保有銘柄の急落が起こることもある。デイトレの場合、まず売りから入って、安値で買い戻して、その差額で儲けるという方法が一般的だが、他企業から救済が入ったり、不祥事の内容が会社全体への影響が少ないと判断されると、株価が下落してもすぐに上昇へ転じることもある。

例えば2019年8月に就活サイト「リクナビ」を運営するリクルートHD（6098）が、就活生の内定辞退率を本人の同意なしに有償で38社に提供していたと報道された。同社の株価は3693円から3150円まで急落したが、報道から約1カ月後には陽線をつけ、11月末には4045円まで上昇した。保有していても、急落後に急騰する可能性も視野に入れ、焦って売り払うことがないように落ち着いて相場に臨もう。

不祥事で下がっても冷静に対応する

[リクルートHD（6098）　日足　2019年7月〜12月]

企業価値の急落を恐れた投資家たちが売りを入れる

3749円

3219円

4045円

企業価値の大きな下落にはつながらないと判断した投資家たちが再び買いを入れる

時事関連の突発的な上昇は 2〜3週間で終わる

すでに上がりきっていたら 割り切るのも大切

時事に関する突発的な出来事による株価の上昇は、一時的なものだ。

2022年2月、ロシアのウクライナ紛争を受けて、戦争関連銘柄の株価上昇を予想した投資家も多くいただろう。しかし、実際にはロシアがウクライナに侵攻した日より、1カ月以上前に戦争関連銘柄はピークを付けていた。

一般に広く知れ渡ったときには、すでに高値を付けた後だったということが多くある。突発的な出来事による上昇の約90%は2〜3週間で終わるため、気づいたときすでに上がりきっているなら、割り切って買わない判断をすることが大切だ。

選挙の公約に関連する 銘柄を狙う

公約発表後の 思惑買いに乗る

選挙がある年は、選挙に関連した銘柄が上がりやすくなる。例えば、ムサシ（7521）は選挙システム機材のなどの製造・販売を行っている企業であり、選挙時に買われやすい選挙銘柄として有名だ。

また、与党の選挙の公約に関連する銘柄にも注目したい。新たな公約があれば、その関連銘柄の上昇につ

ながる可能性がある。

例えば、少子化対策について具体的な公約があれば教育や育児に関連する銘柄に期待してもよいだろう。公約が100%実現するとは限らないが、公約が出た瞬間に思惑買いで上がることも多い。選挙の実施は、デイトレで利益を得るうえでは持ってこいといえるテーマなのだ。

社会情勢が悪化すると
商品指数が上昇する

■ 構成する商品に
■ まとめて投資ができる

社会情勢が悪化するとさまざまな影響が生じる。特に資源国や穀物大国で戦争などが勃発すると、周辺国を始め、それらの国からの輸入に頼っている国は大きな打撃を受ける。また、資源の高騰や食料品価格の上昇で、間接的に世界中が打撃を被ることになりかねない。

そこで資産の防衛措置として視野に入れたいのが、商品指数だ。例え ば、日経・JPX商品指数は、金、プラチナ、原油、大豆、トウモロコシなどの価格をもとに、商品指数を構成している。日経・JPX商品指数に投資すれば、構成する商品にまとめて投資できるしくみとなっている。世界的な資源高、食料品価格上昇のほか、社会情勢悪化に伴う金価格上昇などの恩恵も受けられるので、注目しておくとよいだろう。

■ 日経・JPX商品指数の推移

指数値の推移

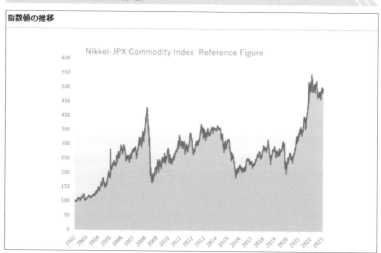

日本取引所グループのサイト（https://www.jpx.co.jp/markets/derivatives-indices/nikkei-jpx-commodity-index/index.html）では、日経・JPX商品指数の概要や指数の推移が確認できる。

月次売上高に反応する銘柄のくせを見る

過去の月次売上高と株価を照らし合わせてチェックする

　小売り各社を中心に、毎月、月次の売上高の発表が行われている。過去の発表と株価を照らし合わせると、月次売上高の数字によって株価が反応するくせのある銘柄がある。また、普段は月次売上高に反応しない銘柄でも、2桁の増減があると、動きがあることが多い。とりわけ、成長を買われていた企業は伸び悩み

が意識されて売りが出ることもある。ユニクロなどを運営するファーストリテイリング（9983）のようにニュースになる有名企業は別として、みながチェックしている指標ではないので、各社のホームページや開示情報で確認し、寄付にギャップがなければ参加してみるのも手だ。月次の集合は会社の決算でもあるため、決算を先読みしての投資にも役に立つ。

四季報は発売日前日に手に入れて翌朝を狙う

定期購読して情報をいち早くゲット

　年に4回、3月・6月・9月・12月の15日前後に発売される四季報。この四季報の情報をもとに株を買い入れる投資家たちは多く、発売日の寄付は狙い目となる。このとき、四季報を定期購読しておくと発売日の前日に自宅に届くのでおすすめだ。四季報を発売日前に手に入れると、翌日の寄付の時点で、最新刊

の四季報に掲載された情報を活用できる。チェックポイントは「業績」「大株主」の2つ。四季報に掲載される株主は総株式の5％を超えている大株主であるため、前回号に掲載されていなかった株主がいる場合は、その人の投資銘柄を追ってみると、注目すべき業界の視野が広がるだろう。また、2〜3期連続して売上高の上昇などがみられる企業は今後も伸びる可能性が高い。

四季報の情報は
SNS検索で時間短縮

基本
lecture
156

JACK

SNSを有効活用し
四季報の情報を手に入れる

東洋経済新報社が発刊している四季報。数千ある上場銘柄が掲載されているが、すべてのページを熟読し、企業の業績を把握することは時間的にも難しい。

そこで、証券会社のサイトやX（Twitter）などのSNSで四季報に掲載されている情報をキャッチすることもひとつの手だ。SNSでは、投資家界隈で有名な人が四季報で見つけた情報を発信していることも多い。また、そこから発展してほかの人とのやりとりのなかで有望銘柄について話していることもある。自分では発見できなかった銘柄を知れたり、有名企業の情報を得られたりできるので、SNSは有効的に活用したい。

応用
technique
157

業績予想のくせで
ポジションを調整する

企業の決算のくせは
値動きのくせ

業績予想の出し方は企業によって特徴があり、その特徴とその後の値動きのくせを知っておくとポジション調整の役に立つ。

例えば、毎回慎重な見通しを出した後に上方修正する企業がある。しかし、それでも弱い見通しが出た時点で売られることが多い場合、この特徴を知っておけば、中期の狙い目になる。

そのため、企業の決算のくせは知っておくとよいだろう。企業のホームページで過去の決算を見て、その後の株価の動きをチャートで確認すると、値動きのくせがわかりやすい。または日経新聞電子版のNQNの過去記事を検索してもよい。株価が大きく動いたときに記事になっていることがある。

NQN ▶ 日経QUICKニュースのこと。株式会社日経QUICKニュース社が配信している記事を指す。記事株式や為替相場、金融相場や各国の政府、上場企業などの動向を報道している

決算進捗の確認は ツールを活用する

JACK

スクリーニングで
業績確認の手間を省く

　企業が発表する決算の上方修正は、基本的に好材料と判断され当該銘柄の株価も上昇しやすい。その際に参考になるのが業績の進捗状況で、仮に１Qや２Qで進捗率が60％達成しているような場合は、上方修正が発表される可能性が高いので、先回り買いが有効となる。

　ただし、複数の企業の進捗状況を四半期決算ごとにチェックするのは手間がかかるので、ツールなどを活用するとよい。

　IPOのスケジュールやIRセミナーの情報などをまとめたIPOJAPANというサイトはこうした情報収集に便利だ。このサイトの適時開示情報ページにおいて、「業績・配当予想修正」「１年以内にIPO」という２つの条件でスクリーニングをし、該当する銘柄のなかから相場にインパクトを与える銘柄を買うのもひとつの手だ。

IPOJAPANの検索ツールでスクリーニングする

時刻	コード	企業名	開示タイトル
2024-04-24 15:00	9158	シーユーシー	連結業績予想と実績値との差異及び個別業績と前期実績値との差異に関するお知らせ
2024-04-18 13:00	5592	くすりの窓口	通期連結業績予想の修正に関するお知らせ
2024-04-12 16:30	5595	QPS研究所	業績予想の修正及び営業外費用の計上に関するお知らせ
2024-04-11 16:40	5574	ABEJA	通期業績予想の修正に関するお知らせ

IPOJAPANの適時開示情報（https://ipojp.com/disclosure?qq=&c=02&ipo=1&from=&to=&submit=%E6%A4%9C%E7%B4%A2）。

利益余剰金＞有利子負債の銘柄で売買する

基本 lecture 159

yasuji

注目は利益剰余金が多く有利子負債の少ない銘柄

　私がファンダメンタルズで注目している点のひとつに、「有利子負債と利益剰余金の差」がある。

　利益剰余金とは、企業が生み出した利益のうち、企業の内部に蓄えられているものを指す。利益剰余金が多いほど財務が安定していると評価されるが、赤字決算のときはこの額が減少してしまうため、決算発表ごとに確認したい。決算書において

は、貸借対照表の「純資産の部」に記載されている。

　有利子負債とは、利子をつけて返済しなければいけない負債のこと。具体的には、借入金や社債が該当し、この額が大きいほど利益を圧迫してしまう。細かな比率は気にせずとも、利益剰余金＞有利子負債となっている銘柄は利益をうまく伸ばしていると考えられる。また、下図のように四季報にもこの2点は掲載されているため要確認だ。

四季報の読み方

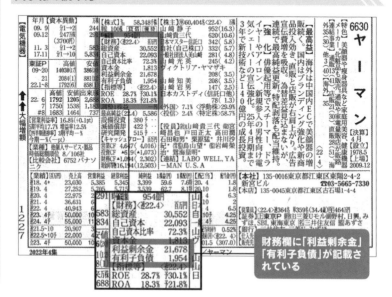

財務欄に「利益剰余金」「有利子負債」が記載されている

社債　　▶ 企業が資金調達のために発行する債券。社債を購入した投資家に利子を付けて返済する

評価される小型株の8割は思惑で沈む

ウルフ村田

本当に急成長する小型株は 2割ほどしかない

成長力が評価された銘柄は、PERが100倍近くまで上昇することも珍しくはない。串カツ田中HD（3547）は、2017年にPERが200倍近くに上昇し、1000円台だった株価は半年足らずで7000円台にまで上昇した。ただし、小型株は思惑で株価が大きく上下しやすいため、PERや株価だけで判断するのは避けよう。こうした小型株の約8割の銘柄は思惑のみで沈み、株価が何倍にも上がるのは2割ほどしかない。トレードするならあくまで「いつ株価が下がってもおかしくない」と割り切りロスカットラインを事前に決める必要がある。また、「本当に成長し株価が上昇する銘柄」かの判断には、決算説明書やIRリリースの読み込みが必須。事業提携や新事業の発表などがあり、成長の見込みがあれば安い株価で買い、数カ月間保有するのも一手だ。

PERが急騰した小型株のパターン

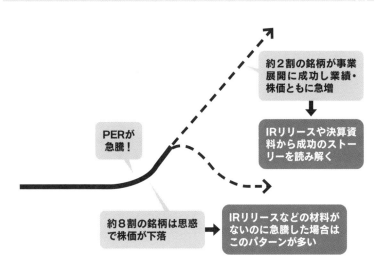

PERが急騰！

約2割の銘柄が事業展開に成功し業績・株価ともに急増

IRリリースや決算資料から成功のストーリーを読み解く

約8割の銘柄は思惑で株価が下落

IRリリースなどの材料がないのに急騰した場合はこのパターンが多い

基本 lecture 161

PBR 1倍割れから 株価が伸びる会社を狙う

JACK

■ 強い割安銘柄を買って 自社株買いの上昇に乗る

PBRとは、株価÷1株あたり純資産（BPS）で算出される株価指標で、1倍以下であれば企業の資産に比べて株価が割安と判断される。東証のプライム市場、スタンダード市場にはPBRが1倍以下の企業が1800社あるが、2023年3月31日、その状態に東証が警鐘を鳴らした。PBRが1倍未満ということは、「事業を続けるよりも解散したほうが価値が高い」ことの表れでもあるため、PBRの数値を上げるよう改善の要請を出したのだ。

改善要請を出された企業は自社株買いなどの取り組みを行うことになり、これが株価を押し上げる要因となっている。1800社の対象企業から、改善要請に応える力がある優良銘柄を狙おう。

割安株が急騰した例

[グリー（3632）日足　2024年2月〜4月]

monoAI technologyがKDDIやグリーなど4社と共同で「オープンメタバースネットワーク」を発足したと発表

日経新聞の観測記事は値動きの材料になる

企業の動きがある日程を確認しよう

　企業が出す業績予想の見通しのほか、日本経済新聞（日経新聞）の観測記事も株価材料になることがある。観測記事が出る企業は限られており、毎年、同じ企業であれば同じ時期に記事が出る傾向があるので、チェックしたい。決算発表の日程を押さえておくなら日経電子版の決算発表スケジュールが便利だ。また、企業が業績予想の修正を出すのも毎

年同じ時期になることがある。例えば、エアトリ（6191）は2021年3月15日に業績予想の修正を発表しているが、2022年にも3月15日に上方修正を出している。業績予想だけでなく、機関投資家向けの説明会なども同じタイミングで開かれることがある。そのときの地合いやトレンドによって値動きがどうなるかはわからないが、企業の動きがある日付から逆算した売買をするなど、売買の計画を立てよう。

日経電子版の決算発表スケジュール

決算発表日	証券コード	会社名	関連情報	決算期	決算種別	業種	上場市場
2024/5/7	130A	Veritas In Silico	適時開示	12月期	第1	医薬品	東証
2024/5/7	1333	マルハニチロ	適時開示	3月期	本	水産	東証
2024/5/7	1381	アクシーズ	適時開示	6月期	第3	水産	東証
2024/5/7	1723	日本電技	適時開示	3月期	本	建設	東証
2024/5/7	1967	ヤマト	適時開示	3月期	本	建設	東証
2024/5/7	2003	日東富士製粉	適時開示	3月期	本	食品	東証
2024/5/7	2009	鳥越製粉	適時開示	12月期	第1	食品	東証
2024/5/7	2053	中部飼料	適時開示	3月期	本	食品	東証
2024/5/7	2281	プリマハム	適時開示	3月期	本	食品	東証

日経電子版の決算発表スケジュール（https://www.nikkei.com/markets/kigyo/money-schedule/kessan/）では、企業名や銘柄コードなどで検索できる。

成長分野に投資する銘柄の 増資発表は上昇要因

ファイナンス資金の用途は 必ず確認しよう

新株発行などにより増資が発表されたら資金用途をチェックしよう。

ファイナンス資金の用途が成長分野への設備投資を目的とする銘柄は、それほどネガティブなイメージは強まらない。成長分野への設備投資用途であれば、事前に説明会などでファイナンスの可能性なども開示されやすい。

ただし、ファイナンス資金の用途が借入金の返済などの場合は注意が必要だ。株価が上昇したすきに返済するといった、企業の魂胆が伺える場合は、投資家からの信用度が低下し、株価下落の要因にもなる。一般的に、売出価格の決定後や公募株の還流後などの場面ではファイナンス発表による反発力が高まりやすいが、ファイナンス資金の用途が借入金の返済などの場合は、反発のタイミングは遅れやすくなる。

増資発表されたら内容をチェックする

<ご参考>
1．株式売出しの目的
　　本邦企業においては、コーポレートガバナンス・コードの取り組みなどから、政策保有株式を見直す動きが進んでいます。今般、取引金融機関より、当社株式を売却したい旨の意向を確認いたしました。当社株式の円滑な売却の機会を提供すること並びに株主層の拡大及び多様化、更なる流動性の向上を目指すことを目的として売出しを行うことを決定いたしました。

2．オーバーアロットメントによる売出し等について
　　オーバーアロットメントによる売出しは、引受人の買取引受けによる売出しにあたり、その需要状況を勘案した上で、引受人の買取引受けによる売出しの主幹事会社である三菱ＵＦＪモルガン・スタンレー証券株式会社が当社株主から 342,600 株を上限として借入れる当社普通株式の売出しであります。オーバーアロットメントによる売出しの売出株式数は、342,600 株を予定しておりますが、当該売出株式数は上限の売出株式数であり、需要状況により減少し、又はオーバーアロットメントによる売出しそのものが全く行われない場合があります。
　　なお、オーバーアロットメントによる売出しが行われる場合、三菱ＵＦＪモルガン・スタンレー証券株式会社は、引受人の買取引受けによる売出しの対象となる株式とは別に、オーバーアロットメントによる売出しの売出株式数を上限として追加的に当社普通株式を取得する権利（以下「グリーンシューオプション」という。）を、引受人の買取引受けによる売出し及びオーバーアロットメントによる売出しの受渡期日から 2024 年 3 月 25 日（月）までの間を行使期間として上記当社株主から付与されます。
　　また、三菱ＵＦＪモルガン・スタンレー証券株式会社は、引受人の買取引受けによる売出し及びオーバーアロットメントによる売出しの申込期間の終了する日の翌日から 2024 年 3 月 25 日（月）までの間（以下「シンジケートカバー取引期間」という。）、上記当社株主から借入れた株式（以下「借入れ株式」という。）の返還を目的として、株式会社東京証券取引所においてオーバーアロットメントによる売出しに係る株式数を上限とする当社普通株式の買付け（以下「シンジケートカバー取引」という。）を

出所：三洋貿易株式会社「株式の売出しに関するお知らせ」

三洋貿易株式会社ホームページ(https://contents.xj-storage.jp/xcontents/31760/9a2414d1/b8fa/4d0a/8136/45a898cfd928/140120240304547502.pdf)。

新株発行 ▶ 増資の目的で株式会社が新たに株式を発行すること

応用 technique 164

無名な指標でも相場に影響を与えることがある

工作機械受注の推移から今後の値動きを予測する

国内の経済指標はあまり株価材料にならないことが多いが、最近連動が見られるのが工作機械受注の統計だ。機械受注統計のほうが有名だが、実はOECD景気先行指数との連動性があるため、世界の景気循環を映す指数ともいえる。

工作機械とは自動車、スマートフォン、家電製品などに使われるものであり、主に金属製の精密部品の加工を行う際に用いられる。その受注状況を、日本工作機械工業会がまとめて発表している。

長期投資家が経済の先行指標として参考にするだけでなく、デイトレーダーも発表翌日の工作機械銘柄の動きを予測するうえで活用できる。なかでも受注の伸びが大きかった銘柄には注目が集まる。あまり知られていない指標でも相場に影響する場合もある。工業会のホームページで確認して利用したい。

工作機械統計を確認する

2024年3月分受注確報（次回の掲示は2024年5月30日（木）の予定です）

Ａ．内需業種別受注額

（単位：百万円、%）

需要業種 \ 期間	3月	前月比	前年同月比	24年累計	前年比
1．鉄鋼・非鉄金属	2,216	311.7	170.9	3,748	76.2
2．金属製品	4,748	207.5	87.0	9,444	83.1
3．一般機械	19,778	141.9	90.9	45,992	81.2
（うち建設機械）	1,019	155.8	93.7	2,915	95.0
（うち金型）	1,477	80.4	42.1	5,321	62.9
4．自動車	9,532	143.1	108.3	23,208	94.3
（うち自動車部品）	7,144	153.5	110.5	17,098	95.4
5．電気機械	4,800	200.8	132.0	9,582	76.3
6．精密機械	2,345	158.1	104.7	5,506	84.6
5-6．電気・精密計	7,145	184.5	121.6	15,088	79.2
7．航空機・造船・輸送用機械	1,768	95.6	96.5	4,974	98.8
（うち航空機）	824	99.4	102.5	2,310	104.1
3-7．小計	38,223	145.2	99.9	89,262	84.8

業種ごとの受注状況が発表されたので確認すると、工作機械設計の受注が増してきている

出所：日本工作機械工業会「2024年3月分受注確報」

日本工作機械工業会ホームページ(https://www.jmtba.or.jp/machine/data)。

OECD景気先行指数 ▶ OECDが、OECD加盟国の経済指数をもとに作成する経済指標。経済の先行きを予測する際に使用される

応用
technique
165

FOMCで利上げ意向が 表明されると下落する

利上げ開始後は逆に 株価が上昇する

　2022年、FRBは一貫して利上げを発表し続け、2023年3月にも引き続き利上げが表明された。原則、投資の世界では、利上げが発表されると景気悪化が不安視され、株価が下落すると考えられている。

　実際、2022年に利上げが表明された日は日経平均株価が下落した。しかし、実際に利上げが開始された際は、あらかじめ利上げ情報が出さ

れていたこともあり、一転して株価は上昇した場面が見られた。

　この現象は過去にも起きたことがある。2018年に利上げの表明が行われた際に株価が下がり、実際に開始されたときには株価が上昇したのだ。今後も同じ状況になれば、株価はマイナスどころかプラスになると推測できる。あらかじめ利上げが表明された際にはチャンスと捉えたい。

利上げによる株価変動

[日経平均株価　日足　2022年2月～4月]

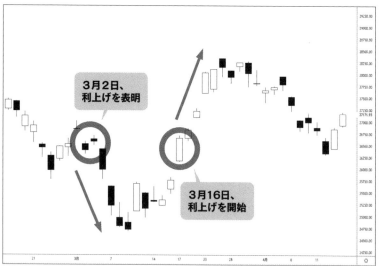

3月2日、利上げを表明

3月16日、利上げを開始

FOMC　▶連邦公開相場委員会のこと（Federal Open Market Committee）。FRBが開催する会合で、アメリカの金融政策を決定している

金融引き締め時の変化を捉える

今までの投資環境と180度変わったと考える

株価上下は、短期は主に需給、中期はファンダメンタルズによると考えられているが、デイトレでも大きな局面の変化は捉えておきたい。

金融緩和が長く続き、未曾有の金余り状態に世界が慣れた状態が続いていたが、アメリカではすでに引き締め方向に政策が転換された。流通しているお金はまだ多いが、これからも金利が引き上げられるなど、徐々に流通するお金が少なくなっていくため、投資環境は180度変わったと考えるほうがよい。

その最初の段階では、値動きは不安定になり、物色は定まりにくい。デイトレでも資金管理にはこれまで以上に気を配り、ボラティリティは高いと考えて臨みたい。

日経平均プロフィルを活用して相場理解をする

藤本誠之

相場への理解を深めるのに役立つ

株価が上がりやすい日、下がりやすい日を調べるには、日本経済新聞がウェブで公開している「日経平均プロフィル※」の騰落率カレンダーをチェックするのが便利。

日経平均株価が前日比プラスを勝ち、マイナスを負けとした星取表が掲載されている。

毎週末に、これをチェックした後、現在の株価をチャート分析して、ざっくり1カ月間の相場展開を想定したうえで、実際の個別銘柄の選択に活かすと、株式相場をより理解できるようになる。

※https://indexes.nikkei.co.jp/nkave

FRB ▶ 米連邦準備理事会（Federal Reserve Board）のこと。アメリカの中央銀行に位置付けされる

日経平均株価のPERが 11〜12倍なら大チャンス

数年に一度訪れる危機は絶好の買い場

　過去の日経平均株価のPER※を振り返ると、おおよそ13〜15倍で推移することが多い。2020年3月のコロナショックが起こった際、PERが10．6倍となり、株価が底を付けた。2022年2月のロシアの軍事侵攻後の日経平均株価下落では、PERが11．94倍で底を付けた。これは、リーマンショックなどと同等かそれ以上の危機時にしか見られない傾向といえる。

　今後も、日経平均株価のPERが11〜12倍まで下がったら買いのチャンスと考えてよいだろう。そうした状況で買うことができれば、後々のリターンは大きく膨らむ可能性がある。

　数年に一度の機会ではあるが、そうしたチャンスが発生した場合は狙っていこう。

※日経平均のPER（加重平均）の求め方は「225の時価総額合計÷225の予想利益合計」

日経平均株価とPERの推移

[日経平均株価／PER　2022年1月〜4月]

PER11〜12倍で推移しているときは買いのチャンス

加重平均　　▶ 日経平均株価のPERは加重平均と指数ベースの2種類ある。指数ベースは日経平均株価÷日経平均EPSで計算される。ニュースなどで使われるのは加重平均

TOPIX型の株価に合わせた
日銀の動きを見る

TOPIX型銘柄が30%
下落すると日銀が介入する

　株価が大きく下落すれば、歯止めをかけるために日本銀行（日銀）がETFに買いを入れる。しかし、すべてのETFを日銀が買うわけではない。2021年3月までは、指数の構成銘柄が最も多いTOPIX型が75%、TOPIX、日経平均株価、JPX日経400の3指数が25%で構成されていたが、2021年3月から、より効果的で持続的な金融緩和をしていくため、日銀によるETF買いは、TOPIX型100%の構成に変更となっている。TOPIX型の株価が一度に大きく下落すると、TOPIX型に介入することが予測される。実際に2020年3月のコロナ禍では高値に対し、30%以上の下落があった際に、日銀が介入した。この方針は今後も続くため、30%を売買判断の目安として持ちながら、TOPIX型の株価推移と日銀介入の動きを、把握したい。

非常時には日銀が介入する

感染症蔓延で経済が縮小　買い

↓

日銀が介入

↓

株価が上昇する　売り

日銀の介入で上がった
株価のおかげで利益獲得！

TOPIX型　　　▶ TOPIX（東証株価指数）の値動きに連動することを目的とした投資信託などの金融商品

店頭証券の口座を
1社は開いておく

JACK

証券マンの持つ「情報」で
売買の選択肢を増やす

　店頭証券で口座を開設すると証券マンによる営業がワンセットになるため、そうした点を面倒だと感じる投資家は少なくないだろう。そうした営業マンの推奨銘柄自体にあまり意味はないが、証券会社の持っている「情報」については価値がある。

　例えば、新しく発売される投資信託の種類がいち早くわかれば、組み込みの可能性のある銘柄をチェックするといった活用法が考えられる。こうした情報を得るには、営業マン経由の推奨銘柄や投資信託などを買って信頼関係をつくる必要がある。この場合に発生する株価の下落リスクについては、ネット証券で同一の銘柄を空売りして両建てしておけば、手数料のみのコストで相殺することができる。

応用
technique
171
セミナー中でも
リアルタイムで売買する

投資情報は扱う人が多いほど
相場に大きく影響する

　注目を集める投資家のオンラインセミナーに参加するなら、参加者が1000人以上の規模がよい。規模の小さい50〜100人ほどの少人数で行われるセミナーでは、セミナーで得た情報が相場動向につながる可能性は低いが、1000人以上の参加者がいると相場に与える影響が大きくなる。登壇した投資家が注目企業を挙げたら、オンラインセミナー中でもその場で買い、買値を超えたらすぐに売るという手法をとる。その場で売買をすることで、利益を得る確率が上がる。

　ただし、セミナーで得た情報を鵜呑みにすることは控えたい。該当銘柄のチャートを少なくとも過去3年ほどさかのぼり、値動きのクセを見て成長を期待できる場合のみ買うようにしよう。

両建て　　▶ 信用取引において、売りと買いの両方のポジションを持つこと。株価変動リスクを回避しやすくなる

基本 lecture 172

ラジオで銘柄情報を手に入れて アーカイブ動画もチェック

JACK

リアルタイムで 質問できる

　株の情報は新聞や書籍、ブログ、X（Twitter）などさまざまな収集方法があるが、ラジオもあなどれない。

　ラジオNIKKEIではいくつかの株専門のラジオ番組がある。番組では、出演者が注目している、または、これから上昇すると予想する銘柄について解説したり、リアルタイムでは視聴者のコメントに答えたり

することもある。番組はYouTubeにもアップされているため、アーカイブですき間時間にチェックすることも可能だ。

　番組内では注目銘柄などを紹介することもあるので、投資先の参考にしたり、ほかの投資家が注目している銘柄としてメモしておき、自分でも調べると、新たな発見があるかもしれない。

ラジオNIKKEIの番組一覧

 マーケットプレス

 朝イチマーケットスクエア「アサザイ」

 マーケット・トレンドDX

 みんなのFXラジオ

 ザ・マネー〜西山孝四郎のマーケットスクエア

 カブりつき・マーケット情報局

 しゃべくりカブカブ！

 ESG A to Z

ラジオNIKKEIのホームページ（https://www.radionikkei.jp/program/）では、番組一覧で株専門のラジオ番組を確認できる。

基本 lecture 173 短波放送が受信可能なラジオで 超先回り買い

大元のアンテナ受診で 数秒の先回り買いをする

個人投資家がラジオNIKKEIで情報収集する際には、スマホでのradikoのアプリや、PCのストリーミングで聴く方が大多数。

だが、これらはもともと短波放送によって発信されている情報を、それぞれのアプリケーションで受信して放送しているものである。

大本のアンテナ受信の短波放送と比較すると、ストリーミングのほうが数秒遅れて受信するため、短波放送が受信できるラジオを用意すれば、数秒の先回り買いが可能となる。

2023年7月時点ではアマゾンで3000円ほどで購入できる。

基本 lecture 174 注目度を見たいときは 掲示板の投稿数を確認

100%正しくはないが 注目度を測る指標にはなる

銘柄の注目度を確認する方法はX（Twitter）や掲示板などいろいろとあるが、「ヤフーファイナンスの掲示板投稿数※」を見るのもひとつの手だ。

ここではヤフーファイナンスが提供する掲示板への投稿が日ごとに多い銘柄をランキング形式で掲載しており、一目で注目度の高い銘柄を確認できる。

リンクがついているのでそのまま掲示板に飛ぶこともできるが、そこに書かれている内容が100%正しいわけではないので、あくまで注目度を測る指標として見たほうがよいだろう。

※https://info.finance.yahoo.co.jp/ranking/?kd=56&mk=1

優待が人気の銘柄は
ブログやSNSをチェック

JACK

権利確定日前に
新たに保有する

株式投資において株主優待は、キャピタルゲインのなかでも「オマケ」的な位置付けであることが多い。

ただ、デイトレやスイングトレードにおいては、優待権利が確定する前後の価格変動を利用して、利益につなげる材料とすることもできる。

株主優待を取得するためには、企業ごとに定められた権利確定日まで

に、株式を保有する必要がある。

特に株主優待が人気の企業などは、権利確定日付近で買いが集中し株価が上昇することが多い。こうした価格の傾向を利用して、短期トレードに活用する方法もある。株式優待で人気の銘柄は、ブログやSNSで頻繁に紹介されているのでチェックしておこう。

権利確定日一覧

	権利付き最終日	権利確定日
2024年6月	6月26日	6月28日
2024年7月	7月29日	7月31日
2024年8月	8月28日	8月30日
2024年9月	9月26日	9月30日
2024年10月	10月29日	10月31日
2024年11月	11月27日	11月29日
2024年12月	12月26日	12月30日
2025年1月	1月29日	1月31日
2025年2月	2月26日	2月28日
2025年3月	3月27日	3月31日

基本 lecture 176

日本証券新聞は
株主優待で無料になる

JACK

保有しておくだけで
年間6万円近くお得になる

　日本で最も長い歴史を持つ証券専門紙の「NSJ日本証券新聞」。購読には1カ月4988円（税込み）、1年間で換算すると5万9856円（税込み）かかる。

　ただし、その発刊会社であるジャパンインベストメントアドバイザー（JIA）（7172）の株を保有していると、株主優待としてデジタル版の購読券がもらえて、一定期間無料で閲覧が可能になる。継続保有期間や保有株数に応じて購読期間などが異なるが、情報収集のために株を保有しておいても損にはならない。

　普通に新聞を購読するよりは、こうしたテクニックを利用して情報を得ていくとよいだろう。

基本 lecture 177

「株式新聞Web」はDMM株口座で
無料になる

JACK

DMM株口座を開設すれば
お得に株式新聞を読める

　株式を始め、投資信託や為替などの証券・金融情報を提供している証券専門誌の「株式新聞」。インターネットが普及し、情報収集はウェブ記事やSNSが主流になっているなか、ベテランの投資家で株式新聞をチェックしている方も意外に多い。

　「株式新聞Web」を購読するには1カ月4400円（税込み）、1年間で換算すると5万2800円がかかる。だが、ネット証券のDMM株で口座を開設すると、株式新聞のウェブを無料で閲覧することができる。

　取引を行う必要はなく、口座開設のみでよいのがポイント。より広く情報収集をしたい人にはぜひ活用してほしい。

前日の日経平均株価から株式市場全体の地合いを把握する

基本 lecture 178

日経平均株価が上昇すると株価も上昇しやすい

日経平均株価は、日本の代表的な銘柄の株価から算出される指標であり、これを確認することで株式市場全体の地合いを把握できる。日経平均株価が上昇基調にある場合、多くの銘柄の株価が上昇していることを示し、逆に下落基調にある場合は、多くの銘柄の株価が下落していることを意味する。

トレードを行う前には、この地合いを確認することが重要だ。前日の日経平均株価がプラスで推移していれば、投資家は安心感から買いを入れやすく、翌日も上昇しやすい傾向にある。このとき、株価が上がっている銘柄が多く、トレードのチャンスが生まれやすくなる。

一方、前日の日経平均株価が下落していた場合は、翌日もマイナスになりやすくなる。また、地合いが悪いときは、よい材料が出ても株価が伸びづらい傾向がある。

日経平均株価の推移から株価の動きを予測する

[日経平均株価　日足　2024年2月〜3月]

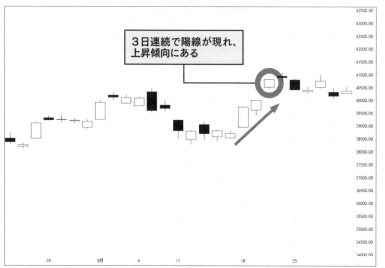

3日連続で陽線が現れ、上昇傾向にある

ADRで日経平均株価の
地合いを予測する

ようこりん

米国市場での需給から
日本市場の地合いを把握する

日経平均株価の地合いを確認する際「ADR」の推移が参考になる。ADR（米国預託証書）とは、米国以外の国の証券を米国市場で売買できるようにしたもの。例えば、イギリスの銘柄を日本で購入することは難しいが、米国市場にイギリスのADRが上場されていれば、ADRを株式のように売買できる。日本株のADRも発行され、米国で取引されている。下図は、日本のADR銘柄の価格推移をまとめたサイトだ。ADR株価は東証での株価がベースになっているが、米国での需給のバランスによって、東証での価格とずれが生じている。ADR株価が東証の株価より高ければその分期待されていると考えられるため、東証でも株価上昇に期待できる。ADRと東証の株価の比較は、下図の「ADR-東証」欄で把握できる。

ADR株価と東証株価の比較

ADR・PTS株価一覧

▶ ADR主要銘柄一覧

業種	Code	企業名(詳細ページへ)	ADR-東証	ADR	ADR¥	ADR %	ADR v	PTS	PTS	東証	東証	東証 %
8	4502	□N 武田薬品工業	+0.51%	05/06	4,120	▼0.07%	1,575,588	14:59	4,091	15:00	4,099	▼0.63%
16	6758	□N ソニーG	+3.17%	05/06	13,082	▲0.35%	738,979	14:59	12,673	15:00	12,680	▼2.91%
17	7203	□N トヨタ自動車	+0.94%	05/06	3,633	▲1.17%	208,873	16:37	3,596	15:00	3,599	▲0.50%
17	7267	□N ホンダ	+1.35%	05/06	1,797	▲1.07%	491,788	15:57	1,765	15:00	1,773	▼0.53%
28	8306	□N 三菱UFJFG	+0.96%	05/06	1,574	▲0.69%	2,176,922	16:40	1,558	15:00	1,559	▲0.32%
20	8316	□N 三井住友FG	+0.49%	05/06	8,951	▲0.43%	496,718	14:59	8,900	15:00	8,907	▲0.42%
28	8411	□N みずほFG	+1.83%	05/06	3,061	▲0.25%	709,386	14:59	3,004	15:00	3,006	▼0.07%
31	8591	□N オリックス	-0.28%	05/06	3,249	▲0.66%	8,653	14:59	3,256	15:00	3,258	▲1.46%
29	8604	□N 野村HD	-2.37%	05/06	905	▲0.86%	1,814,337	14:58	926	15:00	927	▲5.86%
4	2503	□N キリンHD	+1.59%	05/06	2,302	▼0.13%	21,963	14:59	2,268	15:00	2,266	▼1.00%
25	4689	□ LINEヤフー	0.00%	05/06	377							0.83%
33	4755	□ 楽天	-4.02%	05/06	765							5.04%
7	4901	□ 富士フイルムHD	-1.95%	05/06	3,420							2.20%
15	6301	□ コマツ	+0.24%	05/06	4,643							1.20%
15	6326	□ クボタ	+1.59%	05/06	2,560							0.52%
16	6752	□ パナソニック	+4.41%	05/01	1,443	0.00	13,530	14:59	1,381	15:00	1,382	▼0.40%

「ADR-東証」欄がプラスであれば、「ADR株価が東証の株価より高い」状態を示し、東証での株価上昇に期待できる

「世界の株価と日経平均先物」のADR銘柄情報をまとめたページ(https://adr-stock.com/)。地合いの確認に役立つ。

制度

各証券会社の制度を活用すればトレードの幅を広げることができる。
IPO投資の当選確率の上げ方や取引の多いデイトレで
売買や信用取引の手数料を抑える方法など、
制度を利用して得するやり方を教える。

新NISAの成長投資枠を効果的に活用する

■ 新NISA制度の成長投資枠を利用するメリット

通常、金融商品の運用益や配当金には20.315%の税金が課せられる。しかし、NISA口座で一定金額以内の運用であれば、これを非課税にして運用することができる。

2024年1月からスタートした新NISAでは、非課税投資枠が拡大し、成長投資枠が240万円、つみたて投資枠が120万円になった。この2つの投資枠は併用することができるが、購入できる金融商品が違うため、用途に合わせて活用する必要がある。また、生涯投資枠を再利用できるようになったのも大きな特徴だ。

■ 新NISAの成長投資枠で枠を復活させる

新NISA（少額投資非課税制度）の成長投資枠では、非課税枠の復活により、デイトレードでも税制上のメリットを活用できる可能性がある。

仮に240万円分の株式を購入し、その株式を売却した場合、翌年に売却分の非課税枠が復活する。毎年株式の購入と保有を積み重ね、成長投資枠の非課税となる生涯投資枠上限1200万円分の株式を保有していたとしても、売却すれば、翌年には売却分が投資枠として復活する。これにより、デイトレーダーは非課税枠内で売買を繰り返すことが可能となり、利益に対する税金を気にせずに取引を行えるようになる。

ただし、デイトレードで非課税枠を使い切ってしまうと、長期投資に充てられる枠が減少してしまう。非課税枠は貴重なリソースであるため、デイトレードと長期投資のバランスを考慮して活用することが賢明だ。

成長投資枠を効果的に活用するためには、無計画な短期売買は避け、長期的な資産形成も視野に入れて取り組むことが重要である。

デイトレードでは利益が大きく見込めると判断した銘柄での取引1回のみに絞るなど、自身でルールを設定しておきたい。

新NISAで購入できる金融商品

	成長投資枠	つみたて投資枠
国内株式※1	○	×
外国株式	○	×
投資信託※2	○	○
国内ETF	○	○
海外ETF	○	米国ETFのみ購入可能
REIT	○	○

※1 IPOでの購入も可能
※2 成長投資枠とつみたて投資枠では、投資信託の選別基準に違いがある

成長投資枠が復活するしくみ

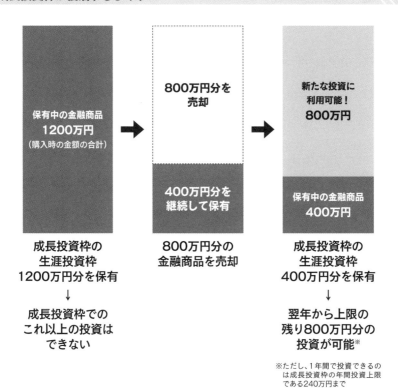

保有中の金融商品 1200万円（購入時の金額の合計）	800万円分を売却 ／ 400万円分を継続して保有	新たな投資に利用可能！ 800万円 ／ 保有中の金融商品 400万円
成長投資枠の生涯投資枠 1200万円分を保有 ↓ 成長投資枠でのこれ以上の投資はできない	800万円分の金融商品を売却	成長投資枠の生涯投資枠 400万円分を保有 ↓ 翌年から上限の残り800万円分の投資が可能※

※ただし、1年間で投資できるのは成長投資枠の年間投資上限である240万円まで

大手系列の証券会社を使って IPOの当選確率を高める

JACK

条件を満たす場合 再抽選に参加できる

IPOのブックビルディング参加の抽選確率を高めるテクニックとして、大手証券の系列会社から申し込むという方法がある。

例えば、ネット証券会社である大和コネクト証券では、IPOの販売数量の70%を完全抽選し、この抽選で外れた顧客を対象に、残りの30%を「5つの優遇条件」で絞り込み、再抽選している。

再抽選で当選するには、5つの優遇条件をすべて満たす必要はないが、各条件とも比較的ハードルが低いので、仮に抽選を申し込む場合はできるだけ満たしておいたほうがよい。また、抽選に外れた場合も抽選券をもらうことができ、優遇条件の該当数に応じて付与数が大きくなる。

大和コネクト証券の5つの優遇条件

❶39歳まで

❷NISA口座またはつみたてNISA口座を開設済み

❸信用取引口座を開設済み

❹信用取引の建玉を保有している

❺投資信託(ETF、REITを除く)の残高を保有している

出所:大和コネクト証券株式会社ホームページ

ブックビルディング ▶ 投資家がIPO株をいくらで何株買いたいかを証券会社に申告すること。申告された内容から取締役会で1株あたりの新株発行価格が決まる。需要積み上げ方式とも呼ばれる

初回口座開設でIPOの当選確率が上がる

JACK

資金量が少なくても参加できる優先抽選枠

IPOのブックビルディングへの参加は基本的に抽選だが、例外として各証券会社ごとに「証券口座に多くの資金を入れている」「証券会社からすすめられる金融商品を購入する」といった人に裁量当選する枠がある。上記はある程度資金量がないと不可能だが、一部の証券会社の裁量枠のひとつに「初回口座開設を行った人」がある。この条件であれば資金量が少ない人や、メイン口座は動かしたくない人などでもハードルは低い。

より徹底したい場合は、初回口座開設でIPOに申し込み、抽選があたったらしばらくして解約し、1年後に別支店で再度口座開設するという方法もある（都心など複数の支店がある場合限定）。開設口座を増やすと細かな事務作業が発生するが、当選して得られるメリットが多いと判断できれば開設するとよい。

IPOのブックビルディングに当選しやすい条件

❶

証券口座に多くの資金を入れている

SMBC日興証券では、預かり資産（または信用取引建玉の合計）の金額に応じた「IPO優遇特典」サービスがある

❷

営業マンにおすすめされる金融商品を多く買っている

証券マンと付き合うことでIPOなど有利な状況をつくれる可能性がある（テクニック184参照）

❸

初回口座開設を行った

その証券会社ではじめて口座を開設する場合、IPOの抽選に有利になる措置が取られるケースがある

口座を持っていなかった証券会社で口座開設＆IPO申し込み！

応用 technique 183

IPOチャレンジポイントは家族口座を活用する

JACK

みんなで申し込めば人数分のポイントが付く

IPOのブックビルディングに参加するには基本的に抽選に当選する必要があり、特に人気銘柄には多くの申し込みが入るため当選確率はかなり低くなる。ただし、SBI証券はブックビルディングの抽選に外れると「IPOチャレンジポイント」が加算され、SBI証券が主幹事の銘柄であれば、ポイントが多い人ほど当選確率が増加する。

目安として500ポイント程度を使うことで当選確率がかなり上がる。とはいえ、マメにIPOに申し込んだとしても、多くて1年で70ポイント程度の獲得が限度だ。しかしこれは1口座で行った場合であり、家族にも口座を作成してもらい、同じように申し込むことでその人数分、当選することになるので、効率性が上がる※。

応用 technique 184

証券マンと関係を構築してIPO・POの当選確率を上げる

JACK

ヘッジをかけながら証券マンとの関係を賢く築く

証券マンからおすすめのIPOやPOの情報を得られるケースがある。まず、証券マンから勧められた銘柄を積極的に買い、証券マンとの良好な関係を構築する。このときのポイントは、勧められた銘柄を買うと同時に、ネット証券で空売りしてヘッジをかけるということだ。もし株価が下落しても、手数料分だけの損害で済ませることができる。

下落が何度も続いた場合、店頭証券の口座上では結構な含み損になっている。そんなときに、証券マンに「結構損失が溜まっているけど、何かおすすめの金融商品や少しでも取り返す機会はない?」などと聞くと、IPOやPOの申込みをすすめられることもある。投資資金に余裕があり、空売りの制度に慣れてから使用したいテクニックだ。

※家族間でも、口座を持つ本人以外が取引する違法となる。ただし、18歳未満の未婚者を対象とした未成年口座の場合、親権者として取引ができる証券会社がある

応用 technique 185

短期でも長期株主優待を効率よく受ける方法

連続して権利日を持ち越して長期株主のメリットを得る

優待銘柄のなかには、長期で保有している人の優待品がランクアップするものがある。例えば、2年以上株を持っている人が豪華な優待品をもらえたり、2年以上持っていないと優待品がもらえないといったケースだ。そのような銘柄は端株で1年中保有しておくようにする。後は短期取引で権利獲得日だけ買っておくようにする。そのほかの日は保有しなくても、端株のみ継続保有していれば、2回連続で権利日を持ち越せば2年持っている株主とみなされる。優待株は値動きが安定しやすいが、長期で持つと地合いの影響で株価が下がることもある。また、デイトレでは資金の回転が重要であるため、保有期間中の資金拘束も避けたい。ただし、このテクニックを認めない企業も増えているため、対策としてテクニック186も参考にしよう。

資金拘束の負担が少ない優待獲得方法

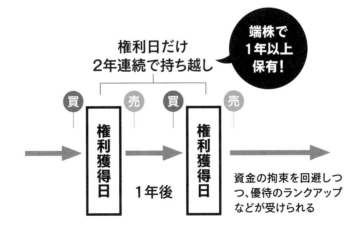

権利日だけ2年連続で持ち越し

端株で1年以上保有!

買　売　買　売

権利獲得日　1年後　権利獲得日

資金の拘束を回避しつつ、優待のランクアップなどが受けられる

1年に複数ある確定日に
クロス取引する

JACK

企業のホームページなどで
確定日を確認しよう

テクニック185で紹介したように、リスクの低い端株のみを長期保有して、短期でも長期優待を受け取る方法がある。しかし、最近では、優待必要株数の保有の確定日を1年に複数回設けている企業も増え、権利日だけ株を買っても長期株主優待として持ち越しを認めない企業も増えている。優待必要株数の保有の確定日は、下図のように企業側があらかじめ発表することもあるが、確定日はいつになるかわからない企業もある。サイゼリヤ（7581）はその代表だ。

優待目的で保有している銘柄がある場合は、権利日だけでなく、確定日においてもしっかり調べて優待クロスを行いたい。企業のホームページなどを閲覧しても確定日がわからない場合は、半年に1回または四半期に1回のペースで実際にクロス取引をしてみるしかない。

権利確定日の情報

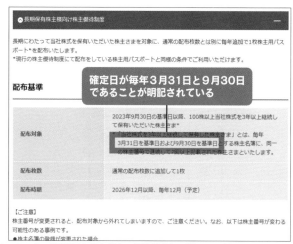

オリエンタルランドの「長期保有株主様向け優待制度」の詳細ページ（https://www.olc.co.jp/ja/ir/benefit.html）。このようにサイト上に判定日が記載されていることがあるため一度ホームページなどを確認してみよう。

優待クロス ▶ 現物取引での買いと信用取引での売りを、同じ銘柄で同じ株数だけ行うことで、株価変動のリスクを抑えて優待を入手するテクニック

応用
technique
187

複数の証券会社を利用して手数料を無料にする

JACK

売買手数料が無料になる証券口座を利用する

トレーダーにとってマイナスとなる売買手数料は、しっかり抑えておくべきだ。その際、手数料が無料になる証券口座を積極的に利用していきたい。

例えば、SBI証券のアクティブプランだと現物取引、制度信用、一般信用それぞれで100万円ずつで、合計300万円までは手数料がかからない。仮に、SBI証券で100万円近くの取引を行った日に、さらに買いたい株がある場合は、手数料が無料となるほかの証券会社を利用すると、手数料ゼロの売買で利益を生み出せる。最近では、新規口座を開設すると1カ月手数料が無料になる特典のある証券会社や、そもそもの手数料が安いネット証券が増えてきているため、積極的に活用するとよい。

証券会社の手数料を比較

証券会社	手数料
SBI証券 アクティブプラン	現物・信用取引（制度・一般）のそれぞれで1日の約定代金100万円、計300万円まで無料
楽天証券 いちにち定額コース	現物・信用取引における1日の約定代金100万円まで無料
松井証券 ボックスレート※	現物・信用取引における1日の約定代金50万円まで無料

※未成年を含む25歳以下は1日の約定代金合計金額に関係なく、売買手数料が無料になる

出所：各証券会社のホームページより編集部作成

一般信用では逆日歩という
手数料がかからない

JACK

逆日歩の有無の違いは
大きいので注意

信用取引には、制度信用と一般信用の2種類が存在する。

制度信用とは、返済期限が最長6カ月で、品貸料（株式が不足した際、売り方が買い方に支払う調達費用）が取引所の規則で決められているものを指す。このとき、株式が不足すると調達コストとして逆日歩がかかる。

一方、一般信用は、金利、貸株料および返済期限などを証券会社が顧客との間で自由に決められるものを指す。制度信用の返済期限が6カ月なのに対し、長期間、取引できる証券会社もある。そして、制度信用で発生する逆日歩は一般信用の場合は発生しないことから、確実にコストを抑えられる。

制度信用でも逆日歩が
かからないことがある

JACK

記念優待なら
逆日歩がかかりにくい

制度信用で逆日歩が発生するということは、何らかの理由で銘柄が注目され、取引が多く発生していることになる。特に優待の時期は優待クロスを行う人が多くなるため、逆日歩が発生しやすくなる。

しかし、記念優待の場合なら逆日歩がかかりにくい。記念優待は通常の優待とは異なり、創業やサービス

の運営開始の周年、上場したタイミングなど、企業の節目となる年に合わせて配布される。一般に広く知られていないので記念優待目的で売買する人が少なく、制度信用であっても逆日歩が発生しにくいのだ。

制度信用を使ってクロス取引（テクニック186参照）を行うときは、こうした周りの投資家たちがあまり注目していない銘柄が有効だ。

IPOは補欠当選時の購入申し込みを忘れない

JACK

一度落選してももう一度チャンスがある

通常、IPOの抽選に当選した場合、当選後に購入手続きを踏む必要がある。しかし、なかには購入申し込みを忘れてしまい、購入申し込みを規定の期間内に行わなかった人がいる。そうして購入されずに残った株式は、落選した人に「繰り上げ当選」という形で配分される。

SBI証券などでは、繰り上げ当選の対象になったことを「補欠当選」と呼ぶ。補欠当選になった人は、「購入意志表示期間」と呼ばれる規定の期間内、「補欠当選株購入」「辞退」のいずれかを選択できる。

ここで「辞退」を選択したり、期間内にどちらも選択しなかった場合は繰り上げ当選の対象から外れてしまう。「補欠当選株購入」を選択すれば、当選後購入しなかった人が現れた際に繰り上げ当選できる可能性が高まるため、忘れずに申し込もう。

IPOの抽選結果の種類と補欠当選後の対応(SBI証券の場合)

①抽選結果の確認
SBI証券では、IPO抽選の結果が下記の3種類で表される

当選	IPOの抽選に当選
補欠当選	当選後に購入手続きを踏まなかった人がいた場合、繰り上げ当選の対象となる
落選	IPOの抽選に落選。繰り上げ当選もなし

②補欠当選の購入申し込み
抽選結果ページに表示される「購入意思表示欄」からいずれかを選択

補欠当選株購入	株式を購入しない当選者がいた場合に購入を希望する
辞退	該当の銘柄の購入を希望しない

→ **「補欠当選株購入」を忘れずに選択し、当選の可能性を上げる**

「立会外分売」は割引購入のチャンス

yasuji

TDnetから割安な購入情報を入手できる

通常、上場銘柄の株式を買うときは、証券取引所を通じ、その時々の株価で買うことになる。しかし、「立会外分売」という割引された値段で株式を買えるケースがある。これは、新規株主を増やしたい企業が、大株主の保有株の一部を証券取引所の立会時間外に売る仕組みだ。価格は、実施前日の終値より3～5％安いことが多い。立会外分売を行う企業が現れると、各証券会社で発表されるため要確認だ。

また、こうした情報は、事前登録なしで日本取引所グループ（JPX）に所属する企業の最新情報を閲覧できるサイト「TDnet（適時開示情報閲覧サービス）」でも閲覧できる。立会外分売は人気のため必ずしも買えるとは限らないが、私の場合、立会外分売が発表された日の夕方に店舗証券のコールセンターへ電話すると購入できることが多い。

立会外分売の案内

立会外分売

企業等が保有する株式が、証券取引所の取引時間外（＝立会外）で売り出されるお取引です。

申込受付中・実施予定銘柄

現在取扱中の銘柄がご覧になれます。

お申込受付時間は、分売実施前営業日の夕刻（概ね17:15頃）～ 実施当日の8:20です。
弊社ウェブページログイン後「国内株式」→「注文」→「立会外分売」よりお申込ください。

■ 申込受付中

銘柄	信用/貸借	分売価格[円]	前営業日終値[円]	割引率	申込単位数量 申込上限数量	分売実施日	詳細
–	–	–	–	–	–	–/–/–	–

■ 今後の予定銘柄

楽天証券ホームページにおける立会外分売の案内(https://www.rakuten-sec.co.jp/web/domestic/off_auction/)。また、TDnet（適時開示情報閲覧サービス）(https://www.release.tdnet.info/inbs/I_main_00.html)からも確認可能だ。

※ネット証券の場合、多くの証券会社（SBI証券、楽天証券、松井証券など）では申込数が多い場合に抽選となるが、SBIネオトレード証券のように購入は先着順になっている証券会社も一部ある

資産管理・メンタル

トレードは、その場、その時々で買うか売るかの
判断を行う必要があり中長期投資に比べて
プレッシャーが大きい。
資産管理とメンタルの保ち方を学び冷静に、
落ち着いたトレードができるようになろう。

基本 lecture 192 デイトレの口座と中長期投資の口座は分ける

藤本誠之

デイトレと中長期投資では投資の目的が違う

投資は、リスクを分散しながら利益を徐々に積み重ねる「守りの投資」と、資産を積極的に増やす「攻めの投資」に分類できる。

中長期的なスパンで利益を得るための積立投資などが守りの投資に該当する。一方で、デイトレなど短期的な売買は攻めの投資だ。

守りの投資は大きく稼げないた

め、投資資産が1000万円以下の状態であればまず攻めの投資から始め、資産が増えた後で守りの投資を開始すると効率的だ。その際、攻めの投資と守りの投資で口座を分けておく必要がある。口座を一緒くたにしてしまうと、守りの投資の元手がいくらで、攻めの投資にいくら使えるのかが不明瞭になってしまうためだ。万が一攻めの投資で失敗しても問題ないよう口座は分けておこう。

基本 lecture 193 相場を生き残るための3つのルール

矢口新

3つのルールで値動きを味方につける

デイトレの収益は、価格変動率（ボラティリティ）からもたらされる。値動きが大きいほど大きな利益を獲得できるということだ。一方で、値動きが大きいほど失敗したときの損失も大きくなる。

テクニック088〜090の基本に加え、次の3つのルールを守ることで、堅実に利益を出しつつ大きな損

失を避けることができる。

①ナンピンに手を出さない

うまくいけば利益を狙えるが、信用取引だと追証を支払う可能性がある

②判断が難しい相場は避ける

明確に上昇、下降していない難しい相場では無理に売買を行わない

③リスクを抑えてチャレンジする

損失を小さく抑えればチャンスは常にある。

納得できる打診買いの量を試しながら探す

「悔しい」と思う量を経験から学んでいく

少しだけしか打診買いできなかった銘柄が上がっていくと、もっと買えばよかったという気持ちになる。それが原因で高値を追ってしまい、取得平均価格が上がり、資産管理が崩れてしまう。

打診買いのときは、買いそびれても悔しくない量を買っておくことが大事。その量は人によって異なるため、自分の気持ちと向き合いながら適量を探っていこう。

例えば、買いたい量の5分の1を打診買いし、上がってしまって悔しければ、次は4分の1にする。それでも悔しければ3分の1にする。いろいろ試しながら自分が納得できる分量を探り、把握しておこう。

打診外の許容額を探っていく

 希望株数の**5分の1**だけで打診買い

株価上昇後に「もっと買えばよかった」と後悔した

 希望株数の**4分の1**だけで打診買い

株価上昇後に再び後悔した

 希望株数の**3分の1**だけで打診買い

ある程度の利益が出たので悔しい気持ちが出なかった

追証 ▶ 追加証拠金。信用取引において、売買のために差し入れた証拠金が足りなくなり、追加で証拠金が必要となる。期日までに入金できなければ強制決済される

ピラミッティングで
利益の嵩上げと強さをはかる

トレンドと合致していれば
ポジションを増やしていく

　資金管理の代表的な方法として「ピラミッティング」がある。

　仮に買いでエントリーし、予想通り株価が上昇すれば、ピラミッドを築くようにトレンドに沿って枚数を増やし、相場の伸びがもたつくようならすぐにポジション枚数を減らす手法だ。

　早い段階で予想とは逆の動きを示したときにはまだポジション枚数が小さいので損失が小さく済ませられるのが利点。方向があたったときには、その過程で枚数を増やしているため、最大利益をかさ上げすることができる。その際、あらゆる価格帯に買い注文が絡んでいくことになるため、相場がもたつくポイントなど強さをはかることもできる。一方で、値幅の出ない相場のときには、後から増やした玉数分不利になることが多く、相場の読み解きが必要だ。

ピラミッティングのイメージ

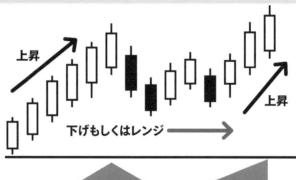

上昇

下げもしくはレンジ →

上昇

枚数の大きさ

枚数を増やす期間　　枚数を減らす期間　　枚数を増やす期間

ピラミッティングとは、エントリー後、利益が出る方向に
価格が動いた際にポジションを積み増していく方法のこと

応用 technique 196 大荒れした翌月初は 株価下落に注意

藤本誠之

前月に相場が荒れたら TOPIXに注目

リーマンショック以後、巨額の資金を運用する投資家の間では、リスクコントロールを行い運用成績を向上させることが主流になっている。

リスクは変動率（ボラティリティ）で計測されている。株式・債券・現金などさまざまな資産のなかで、大きく値動きし、変動率が上昇した資産の投資比率を下げ、別の金融商品に振り分けるのだ。

このようにして、前月の変動率の変化にもとづいて当月初に資産のリバランスを行いリスクを下げるファンドが多くなっている。そのため、前月に株式相場が荒れて、TOPIXが大きく値動きした場合、月初は株式を売却する動きが増えるため、株価下落の可能性が高まるのだ。

基本 lecture 197 ロットは資産ステージごとに 定額で管理する

ロットが大きくなると 損失も大きくなる

資金管理の失敗としてありがちなのが、勝ちが続くとそれに応じてロットが大きくなり、たった一度の負けでそれまでの勝ち分を吐き出してしまうケース。

いくら手法が優れていても、保有資金に対して一度で大きな損失を出してしまうと、そこでリズムが崩れ、さらなる失敗を呼び込んでしま

うことが多い。

そうした失敗を防ぐために、資産が1000万円では取引に使える最大金額を300万円まで、資産2000万円までは上限に600万円というようにロットを定額にすることで、一度に損失する幅を限定でき、精神的な安定にもつながる。

変動率
（ボラティリティ） ▶ 値動きの大きさのこと。この数値が大きいほど株価は上下に大きく動きやすい

地合いが悪いときの参加は
スイングとヘッジをセットにする

地合いが悪くなったら
手放すのがベスト

相場で大事なのは資産を守ることだ。大きな損を避ければ生き残ることができ、生き残れば再び資産を増やすチャンスがやってくる。そこでポイントとなるのが地合いが悪いときや相場が不安定なときの立ち回り方だ。

最も避けたいのは、大きく損をすることである。そのため、地合いが悪くなってきたときはポジションをいったん手離すのがよい。ポジションを手離すと利益も減るが、しばらく経てば地合いは回復する。

また、そのような地合いが悪いときの参加はスイングとヘッジをセットにする。個別株が下がっても資産全体は減らないよう、リスクヘッジとして日経平均株価に連動するETFや先物の売りポジションなどを検討したい。

ヘッジのイメージ

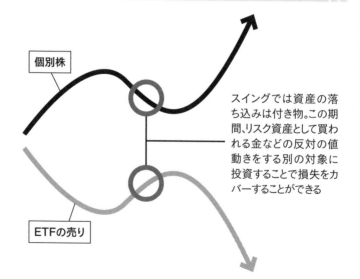

個別株

ETFの売り

スイングでは資産の落ち込みは付き物。この期間、リスク資産として買われる金などの反対の値動きをする別の対象に投資することで損失をカバーすることができる

ひとつの銘柄に入れ込まないよう1銘柄の保有上限を決める

yasuji

取引株数の目安をつくって「過剰な売買」を防ぐ

当然の話だが、売買する株数を増やすほど得らえる利益（または損失）の金額が大きくなる。株価が50円上昇したとき、100株を売買すれば利益は5000円。1万株を売買すれば50万円だ。

株価が急上昇したときはより大きな利益を求め、いつもより多い株数を買いたくなる。反対に、株価が大きく下がったときは何度もナンピンして、購入単価を下げたくなる。

しかし、ひとつの銘柄に入れ込みすぎると売買に失敗したときの損失が大きいリスクがあり、また資金効率も悪くなる。ひとつの銘柄に入れ込みすぎないよう、私は「1銘柄につき多くても3000株まで」という目安をつくっている。目安があることで、失敗しても引き返せるだけの余力が生まれる。

投入資金を分割し複数回に分けて買っていく

JACK

上昇するシナリオを事前に想定する

その日の底値をピンポイントで捉えて買い、そこからすぐ含み益になるトレードは理想的だが、実際にはかなり難しい。そのため、どんな手法を使っても「買ったら株価は下がるもの」と想定しておかなければ、買値から株価が下がる度に損切りする羽目になる。

対策は、1銘柄における投入資金を分割し複数回に分けて買うこと。例えば資金が30万円であれば3分割して、最初は10万円分を買い、以降、価格が下がるもしくは横ばいのタイミングで、残りの20万円を分割して買い増しする。ナンピン手法ではあるが、上昇するシナリオを事前に想定でき、資金を全額投入した後のロスカットのラインが明確であれば、投資戦略に組み込むことで損切りの頻発を防ぐことができる。

基本 lecture 201 ひとつの銘柄に最大で資産の 3分の1以上投資しない

一度の損失で再起不能に ならないように設定する

投資にとってお金は生命線。資金を失ってしまえば戦い続けることはできなくなる。

普通の株式投資などは丁半博打とは違い、一瞬でお金がと飛んでいったり、倍になったりすることはないが、どんな銘柄にも突然の急落や、最悪、破綻倒産で価値がゼロになってしまうというリスクは常にあるた

め、銘柄に投資する上限額を決める必要がある。

株には最低投資単位があり、細かく資金配分するのには限度があるが、一度にひとつの銘柄に投資するのは投資に回す資金全体の4分の1程度、大きくても3分の1ぐらいまでにとどめておくと、一度の損失で再起不能にはなりにくくなる。

基本 lecture 202 取れなかった利益より 取れた利益に着目

投資スタイルを崩さず 次のチャンスに目を向ける

いずれ買い増ししようと思っていた銘柄が、スルスルと上がり、買いそびれてしまうことはよくあるものだ。利益確定で売った銘柄が、その後、さらに値上がりすることもある。

そういうときに、全力で買えばよかった、売らなければよかったと考えるとストレスがたまる。その後、

まだいけるかもしれないと思って、高値で買い増しするなど、投資スタイルが崩れることがある。

投資スタイルを崩さないようにするには、取れなかった利益ではなく、取れた利益に目を向けることが大事。「安値でいくらか買えていれば利益は出ているはず。利確できたのであれば資産は増えている」と考えて次のチャンスに目を向けるようにしよう。

基本 lecture 203

後場から入る場合の
デイトレのリスク

時間とリターンは
常に意識する

前場の寄りからの1時間半で売買を終わらせておくことは、デイトレにおいて最も守るべき鉄則だ。

1日の売買のほとんどがこの1時間半に集中しており、出来高も伴うことから値動きも大きくなりやすい。特に前場で指数が下がっているような状況では、後場で日経平均株価の動きにつられて個別株も下げていくことが多く、買いで参加するには

リスクが高い。

また、時間とリターンの関係で見ても、前場では引けまで5時間でリターンを出せる可能性があるが、後場での買いでは引けまでは2時間半しかなく、持ち越すという戦略がない限りはそこで売買してもリターンを出すための優位性が少ない。

前場の寄りからの1時間半で終わらせた方がよい

[アドバンテスト(6857) 10分足 2024年5月7日〜5月8日]

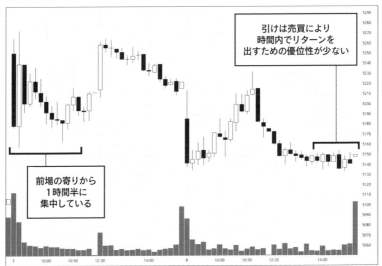

引けは売買により
時間内でリターンを
出すための優位性が少ない

前場の寄りから
1時間半に
集中している

219

枚数コントロールを細かく
繰り返せば損小利大になる

■ 損切の金額を設定して
■ 損小利大を実現する

外れたときは小さくやられて、当たったときは損失より大きな利益を出すことができれば損小利大は実現する。外れたときには、いち早く枚数を減らしていく。やられたときにナンピンで枚数を増やすのはリスクを上げていく行為であり、避けるべきだ。

リスクはあたっているときにこそ上げていく必要がある。あたったときには枚数を上げていく。ノセるときには素早く。後からノセたポジションが損失になってきたら枚数を落とし、また順方向に動き出したら枚数を上げていく──。勝つ金額はコントロールできないが、損切りの金額はコントロールできる。枚数のコントロールを細かく繰り返していくことで損小利大を実現していけるのだ。

枚数をコントロールしていく

> 再び順方向に動き出し
> たら枚数を上げる

> 外れたら枚数を下げて
> 損切りを小さくする

1日の損失限度額を
比例で決める

資金の増減に対しての
5%と決めておく

テクニック201と関連して、1銘柄あたりの投資上限から全体の投資額を決めたら、1日の損失で出してもよい額を決める。

おすすめは全体の投資額の5%程度。1日の損失を5%にとどめておけば仮に毎日損失を出したとしても20日間、約1カ月間は投資を続けることができる。

この場合、当初の資金の5%だが、日々の増減した資金に対して5%の損失で比例させていくのがキモ。

こうすることで、資産が減った場合に、許容損失額も同時に減ることになるため、ポジションサイジングの目安とすることができる。

資金が減ると損失限度額も減る

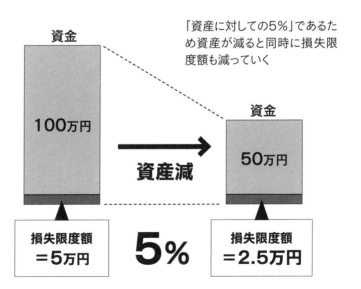

「資産に対しての5%」であるため資産が減ると同時に損失限度額も減っていく

資金
100万円

資産減

資金
50万円

5%

損失限度額
＝5万円

損失限度額
＝2.5万円

ポジション
サイジング
▶ 資産管理のこと。相場の状況に合わせて取引量を変え、損失を抑えて利益を得るために
　 行う

基本 lecture 206

1回の取引における 損失限度額を決める

損失を出す取引を 5回までに制限する

テクニック201、205と関連して「1銘柄の上限額」と「1日の許容損失額」を決めたら、さらに1回の売買でやられてもいい損失限度額を決める。

1日の損失限度額は資金の5%としたが、これを守るためには、1回の売買でこの5%に到達しないように1トレード毎の損失上限を決める必要がある。

図のように目安としては1トレードの損失を1日上限の20%に押さえ込めれば1日損失が続いても5回は売買できる。5回取引して全部負けるようなら、その日の相場には合っていないということ。そこでその日のトレードはやめておく、というルールづくりができるのだ。

1日の損失限度額を20%に設定

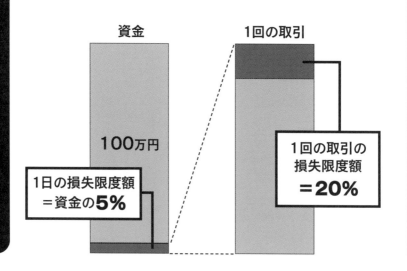

資金

100万円

1日の損失限度額
＝資金の5%

1回の取引

1回の取引の
損失限度額
＝20%

決めた売買ルールは順守する その場の心情に流されない

その場、そのときの心理で 売り買いの判断を曲げない

人の気持ちは揺らぎやすい。自信を持って買った銘柄でも、値下がりすると不安になる。想像以上に上がると、浮き足立って乱暴なトレードをしてしまう。気持ちの揺らぎが原因で、売買方針を曲げてしまうこともある。

例えば、移動平均線を割ったら売ると決めていたにもかかわらず、別の理由を探して持ち越そうと考えてしまったり、悔しさを紛らわすためにナンピンしてしまったりするようなケースだ。それが損失を大きくする原因になる。

重要なのは、買ったときの方針を曲げないことだ。「デイトレで買った銘柄をスイングに変えない」「チャートがよいと思って買ったのであれば、チャートが悪くなるまで保有し、チャートが悪くなったら売る」というように、その場の心情に流されないように心がけよう。

基本は決めた売買ルールに従う

［三菱地所（8802）　日足　2024年2月〜4月］

「5SMAを割ったら利確する」というルール

5SMA

5SMAを割った →利確する

5SMAを超えた →買いを入れる

事前にトレードのシナリオを準備しておく

JACK

想定よりも低ければ買い 高ければ様子見する

デイトレなど短期のスパンで取引を行う場合、目先の株価の上下を追って売買の判断材料にすることは確かに重要だが、どれだけ株価上昇へのシナリオを考えられているかによってもトレード結果が大きく変化する。

例えばIPOのセカンダリー投資を狙って買う場合、投資対象の銘柄が上場時にどの程度の価格が付くのかを事前に想定しておく。そして、実際につく価格が想定よりも低ければ買い、高ければ様子見、規制がかかって当日中に価格が付かないのであれば、翌日以降、規制解除後の買いの動向を見越して初値が付いた日の14～15時までに買うというように、上場後に起こりうる複数のシナリオを用意しておくのだ。こうすることで、買うべき局面と様子見する局面が明確になる。

初値をパターンごとに予想しておく

アナリストなどが初値予想

上場

上場されて初値がつく

①初値が低い場合→今後の上昇を期待して買う

②初値が高い場合→下降する可能性があるので様子を見る

③初値がつかなかった場合→翌日以降、規制解除され初値が付いた日の14～15時までに買う

事前にシナリオを用意しておくと慌てずに対応できる

規制解除 ▶ IPO銘柄で、売りか買いの注文が大きく偏り初値が付かない場合、翌日から購入に規制がかかる。初値が付いた翌日から規制が解除され、その後は売買が活発になりやすい

デイトレでは
思惑がずれたらムリせず離れる

デイトレの我慢は
損失を拡大させる行為

デイトレでは、我慢をしないほうがよいだろう。うまくいったらすぐ利益を確定する、やられたら損切り。それを淡々とこなしていくとよい。というのも、相場予想をしてしまうと、逆に行ったときに感情的になり、決済が遅れてしまうからだ。目の前の相場の値動きに対して思ったほうに張り、当たれば買い、逆に行ったら売る。それを繰り返していくのが重要である。

デイトレの最大の利点は大負けがないこと。我慢をするということは損失を無為に拡大させる行為である。それではデイトレの利点を殺してしまうのだ。

売買の参考にする情報は
投資手法に合わせる

その手法に合ってるかで
参考にする情報は変わる

5年先、10年先を見据えて株を買う際にファンダメンタルズ（ファンダ）を参考にする人が多いが、デイトレではファンダ分析だけでは対処できない。例えファンダがよい企業でも、上昇だけを続けることはないからだ。長いスパンでは上昇トレンドでも、デイトレでは、その日に下落していれば利益を得ることは難しくなるため、テクニカル分析を味方に付けたい。ただし、数秒単位で売買を繰り返す場合は、テクニカル分析だけで判断しにくい場合もある。分析をしている間にも株価が上下するため、板の状況などから相場参加者の動きを見抜く力が必要になるだろう。もちろん、デイトレでもある程度のファンダの知識は必要だが、自分の手法に合わせて参考となる情報を取捨選択しよう。

セカンダリー投資　▶ IPOでの投資法のひとつ。上場後しばらくして売買を行う

応用 technique 211

勝っている投資家の思考をトレースする

当時の状況を再現すると見えてくるときがある

投資家のV_VROOM氏は勝ち筋を身に付けるためには、「勝っている投資家の思考をトレースする」という。まずはヤフーファイナンスの掲示板やX（元Twitter）などで有名投資家が買った銘柄を調べよう。同じ銘柄を買うのではなく、有名投資家が「いつ、どんな銘柄を売買したのか」を探る。そして、「なぜこの投資家はここで買ったのか」とイメージすることで、勝ち筋が見えてくる。もちろん、すべての人がどんなタイミングで売買したのかを公開していることは少ない。そのため、チャートや板で当時の状況を再現すると、どのタイミングで売買したのか、わかるようになってくるという。有名投資家が買った相場と似たような状況やタイミングで買うと、利益を生み出すことができる。

応用 technique 212

儲かっても同じやり方に固執しない

新しいものを取り入れて自分をアップデート

トレードする人にとっては、ツールも手法もたえず更新していったほうがよい。ツールの面では、例えば情報収集の手段としてTwitterを使うのがあたり前になった。「SNSは苦手だから」と食わず嫌いすると、それだけで有効な手法をひとつ放棄してしまうことになる。手法についても同じで、過去に使えた手法が通用しなくなるケースは多い。

継続的に勝っていくためには、古い手法を捨てる勇気が必要。過去のやり方に固執せず、自分をアップデートする。そういう意識を持って、新しいものを取り入れ、新しいことに挑戦していくと、結果としてトレーダー・投資家としての実力を高めることにもつながる。

基本
lecture
213

取引記録を付けて
トレードを振り返る

負けトレードをどれだけ
つぶせるかが利益につながる

取引記録を継続して付けることは、短期間で成果が出るテクニックではないが、長いスパンで見ると利益につながる。

特に「負けた取引」を記録し、後で振り返ると今後のトレードでそうしたミスをしづらくなる。

下の図のように、取引内容とその状況を記録しておくと、後で振り返る際に有効だ。

また、可能であればその際のチャート画像などをキャプチャしておくと状況をイメージしやすくなる。

ただし、優先すべきは「継続すること」なので、簡単で効果的なやり方を見つけるとよい。

取引内容と状況を記録する

[リソルHD（5261）　日足　2023年12月〜2024年3月]

日付	2023年12月26日
取引銘柄	リソルHD（5261）
取引数量	200株
買い付け価格	5450円
備考	ローソク足が25SMAを上回ったためエントリー

日付	2024年1月10日
取引銘柄	リソルHD（5261）
取引数量	200株
売り付け価格	6140円
備考	ローソク足が25SMAから大きくかい離したため決済

応用 technique **214**

自分の買値を気にせず 今の株価に集中する

今の株価に集中して 相場と同じ視点に立つ

ポジションを持ったときに、自分の買値・売値を気にする人は多い。そこが損益分岐点となるため、当然ともいえるが、実は気にしてもあまり意味がない。

相場参加者は他人の買値・売値を知らず、知ろうともしていない。相場参加者が気にしているのは、今の株価と、株価がどう動くかである。その視点に合わせるために、今とこ

れからの株価に意識を向けることが大事。

例えば、100円で買った株が105円になったとしたら、5円上がっていることではなく、105円からどう動くか考える。95円になったとしたら、100円に戻るかどうかを考えず、95円からどう動くか、その時点の株価視点で考えるようにしよう。

相場はあなたのポジションを気にしない

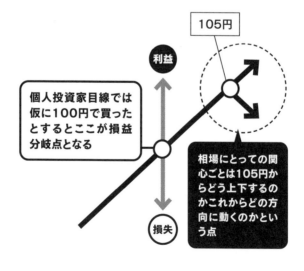

105円

利益

個人投資家目線では仮に100円で買ったとするとここが損益分岐点となる

相場にとっての関心ごとは105円からどう上下するのかこれからどの方向に動くのかという点

損失

含み益の持ち越しで メンタルを調整

JACK

翌年の1月に持ち越して 年初めをスムーズに迎える

確定申告の関係で、基本的に年間の投資成績は1月〜12月の間で判断することになる。その関係で、年を明けた1月がその年度のスタートということもあり、以降のトレードに悪影響を避けるためにも、1月〜2月のトレードは心理的に慎重になりがちだ。

対策として前年の12月が含み益になっている場合は、あえて当月に確定させず、翌年の1月に持ち越すことで、1月当初からプラススタートができることからポジティブのトレードが可能となる。

また、これは、月・週単位でも応用できる。なお、持ち越しリスクの対策として、空売りなどを併用するのもよい。

翌年1月に余裕を持ってスタートを切る

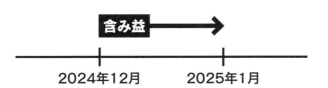

含み益 →

2024年12月　　2025年1月

翌年1月に余裕を持ってスタートを切る

1月当初から、ポジティブにその年のトレードのスタートができる

含み益を持ち越したことで よりよいスタートが切れる

おすすめされた銘柄は
安易に買わない

すすめられると判断された
理由を学ぶ

テクニック000でも触れたが、SNSや雑誌などさまざまだが、株式投資において「おすすめ銘柄」を目にすることはよくある。こうした情報自体は否定しないが、仮に売買をするならば「自分のフィルターを通すこと」が重要だ。

純粋に他意なく勧められた銘柄であっても、教えてくれた人のルールに沿って「上がる」と判断されているため、もしその銘柄で利益が出てもあなたの経験値にはならない。重要なのは、なぜ教えてくれた人は勧められるほどの銘柄と判断したのかや、本当に自分の判断基準に照らし合わせてもよい銘柄だと判断できるのかを考えることだ。セミナーは、他人の判断基準を学んだり、自分の判断力を養ったりする場所だという考え方を忘れずに持っておこう。

新しい手法は3〜6カ月
継続して使用する

川合一啓

多くの手法に「寄り道」
するのは失敗のもと

失敗しているトレーダーの多くは、テクニカル指標に頼りすぎている傾向がある。ひとつの画面に複数のテクニカル指標を表示すると、かえって判断基準が複雑になってしまう。また、新しいテクニカル指標を1〜2回使っただけで「うまくいかなかった」と決めつけ、「ほかに新しいテクニカル指標はないか」と考えがちだ。しかし、そうしたマインドは失敗の元だ。自分に合うテクニカル指標を使って成功している人は、ひとつのテクニカル指標の使い方を熟知している。そうしたトレーダーを目指すには、ひとつのテクニカル指標を最低でも3〜6カ月は使い続けて検証する必要がある。テクニカル指標を使う際のマインドを変え、「使いこなせるようになるまで検証を続ける」姿勢を取ろう。

自分が有利なタイミングを見計らってトレードを行う

プロにはできない「休む」という個人投資家の特権

株式投資の知識や手法を学ぶと、つい目の前の相場で利益を出すことに集中してしまうが、個人投資家の「取引するタイミングを選ぶことができる」という一番のメリットを忘れてはいけない。企業の運用部門で働くトレーダーは業務の構造上、日々「トレードしない」という選択肢を取れないが、個人投資家はトレードを行う日時を自由に決めることができる。自分がより有利なタイミングでトレードを行うという意識をより強く持つとよい。

実際に全体相場が上昇していても、自分の相場観と合致しないのであれば、むやみにトレードを行わない、もしくは安い位置に指値を出しておくなど、少し守備的なスタンスで対応しよう。得意な相場に切り替わってから積極的に仕掛けよう。

相場に残って「誰でも儲かる相場」を待つ

10年に一度は誰でも儲かる相場が来る

デイトレを行っていると、当然長期投資に比べて取引回数も多くなるため、どうしても「今日○○円稼がないといけない」「今月○○円稼がないといけない」など目先の収益に注目してしまいがちだ。

しかし、そうした面にこだわりすぎると、トレードに適していない相場で無理に勝負を仕掛け、退場してしまう初心者も多い。相場を俯瞰的に見ると、過去のアベノミクス相場など「買っていれば誰でも儲かる相場」が10年に一度は発生する。重要なのは、こうした相場に切り替わったタイミングで、資産を大きく増やせるようにトレード資金を確保しておくという点だ。その意味でも、難しい相場では無理をせず、とにかく「生き残り、退場しないこと」を念頭に置く必要がある。

短期売買は長期売買より不確定要素が少ない

DYM07

株価が上下する要因が異なる

株価は短期か、長期かによって、上下する要因が異なる。

長期投資では、その企業の経営状況のみならず、業界全体、ひいては国内経済の状況が複合的にかかわりながら株価は動いていく。つまりは不確定要素が多く、それらを完全に読み切るのはむずかしい。ただし、短期売買では得られない配当を安定して獲得できる。

一方で短期売買はその日、その時の需給関係によって株価が変動するため、長期売買に比べれば、不確定要素は少ないと言える。大口の投資家や企業の動きなどはすばやく株価に反映されるのだ。すぐ先の未来ならば需給や値動きも想定しやすく、より即効的に結果を出しやすい。

その点を念頭に、短期売買と長期売買を使い分けするとよいだろう。

「買った後に株価が下がる」の状態を事前に防ぐ

「せこい」指値はトレンドで買いそびれる

個人投資家の「あるある」として、なぜか自分が買う銘柄は下がり、売る銘柄は上がるということがある。この状態を繰り返すと、「またエントリーしても下がりそうだ」と考えて利益を逃してしまいかねない。

これを防ぐため、可能な限り「買った直に下がった理由」を検証してみよう。考えられる可能性のひとつは、「現在値よりかなり安い価格で指値注文を出している」場合だ。この「せこい」指値が、約定してから株価を反対に動かせている。せこい指値では上昇トレンドでは買えず、下落トレンドに転換したタイミングで買うことになってしまう。つまり、わざわざ株価が下がるときに買い注文を出しているのだ。

応用
technique
222

相場は順張りで参加すると苦しみが少ない

ストレスの少ない方法で短期投資を行う

相場に参加する方法として「ハル」「ノル」というそれぞれのやり方がある。「ハル」は「麦わら帽子は冬に買え」という相場格言のように、みんなが見向きもしないような（安くなった）時期に仕込んでおいて、値上がりするのを待つというやり方。

こうしたやり方は長いスパンの逆張りのため、反対に動いた際はもとの価格に戻すのを待つ必要があり、利益が出るまで時間がかかるため、苦しんでいる時間も長いやり方でもある。

一方、上昇し始めた相場に順張りで乗っていくようなやり方が「ノル」。トレンドが出ている期間だけ投資するため、時間軸は「ハル」より短め、苦しむ時間も短めになるが、その分売買回数は増える。

応用
technique
223

売った株は監視銘柄から外す

売った後の値動きを見ないようにすればよい

高値・安値を完璧にあてることは不可能だ。相場には「頭と尾っぽはくれてやれ」という格言もある。ただ、そうはいっても売った株が上がると悔しいもの。ストレスを感じ、そのせいで売買判断が鈍ってしまうこともある。それを防ぐもっとも簡単な方法は、売った銘柄の値動きを見ないようにすること。監視銘柄か

ら外せば、その後の値動きを見ずに済む。

損切りの場合も同じ。切った後に株価が戻ると悔しくなる。だから、見ないことが大事なのだ。感覚としては、昔の恋人のことを忘れるのに似ている。SNSなど見て楽しそうにしていると悔しくなる。見なければよいのである。

DYM07氏の

資産管理
を徹底する!

需給判断手法

どんなトレード
をする人?

✔ 投資・トレードの期間

個別株をデイトレ。

長期投資も行う

✔ 投資・トレードのスタイル

受給で判断する。リスクリワードを徹底

✔ 売買の判断

ローソク足の並びと出来高、

テクニカル指標は
使わない!

板をチェック

需給の動きを見極める

　短期投資と長期投資は、それぞれに適した知識やスキルを身につける必要がある。その点で、DYM07氏がデイトレで重視しているのは、需給の見極めと値幅を取ることだ。銘柄選定の精度を上げ、値幅の出やすい銘柄でポジションをつくる。そのポジションを適切に管理しながら、利益を得ていく。

　需給のバランスを見極めるには、出来高の変動に着目するのが有効だ。出来高が増加傾向にあれば、買い圧力が強まっている可能性が高い。

　本稿では、DYM07氏の投資の考え方の肝である資産管理、そして需給の見極めについて紹介していく。

建玉の分散しつつ
リスクリワードで資産管理

一勝二敗でも利益が出る利確、損切りを設定する

株式投資で利益を上げるには、リスクを最小限に抑えつつ、リターンを最大化する。つまり、トレードにおいて、「利益」と「損失」の比率、「リスクリワード」をまず考えるのが重要。そのためには建玉の分散が有効だ。例えば、買いたい株が1030円で寄りついた際、全額を一度にエントリーするのではなく、複数の価格帯で建玉を分けるのが賢明だ。1030円で半分エン

トリーし、仮に値下がりしても1010円で半分を買えば、平均1020円からのスタートとなる。この場合、990円で損切りすると約3％の損失だが、1100円まで値幅が取れれば約8％の利益となる。

建玉を分散し、一勝二敗でもマイナスにならない資金管理を徹底することで安定的な利益を目指すことができるのである。

エントリーを分散させる
[エルテス(3967)　1時間足2023年7月]

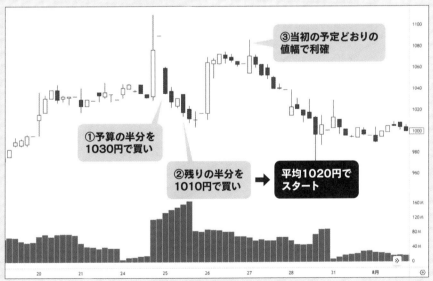

③当初の予定どおりの値幅で利確

①予算の半分を1030円で買い

②残りの半分を1010円で買い　→　平均1020円でスタート

デイトレでは「1%」の 利益管理にこだわる

損切りラインと利確ラインを1%単位で厳守

デイトレで安定的に利益を出すにあたり、案外軽視されがちなのがエントリー価格だ。例えば、100万円の元手でデイトレを行う場合、Aさんが1010円でエントリーし、Bさんが1020円でエントリーしたとする。

その後、AさんもBさんも同じ価格で売って利益が1日で1万円の差が出たとすると、たった「1%」の価格差でもバカにはできない。1年間、毎日

（約200営業日）、同様のトレードをすると、200万円もの差が出るのだ。

先述のように二度に分けてエントリーしたら、その平均額に対して、一勝二敗で負けない6%上昇で利確、3%下降で損切りする。ここを曖昧にせず、「1%」をおろそかせずに利益を積み上げていくことが長期的な利益を生む。

エントリーのタイミング
[ソフトバンクグループ（9984） 1時間足 2024年2月]

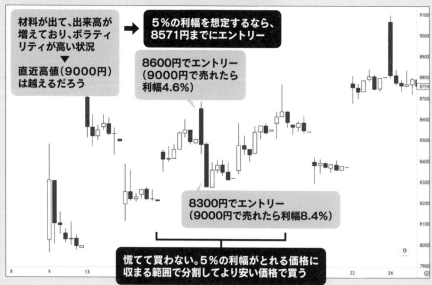

材料が出て、出来高が増えており、ボラティリティが高い状況
▼
直近高値（9000円）は越えるだろう

5%の利幅を想定するなら、8571円までにエントリー

8600円でエントリー（9000円で売れたら利幅4.6%）

8300円でエントリー（9000円で売れたら利幅8.4%）

慌てて買わない。5%の利幅がとれる価格に収まる範囲で分割してより安い価格で買う

ストップ高ラインへの
反発を狙ってエントリー

ストップ高の翌日は値動きが大きい

　出来高が大きくなる銘柄としてはストップ高銘柄がある。ストップ高した銘柄は翌日も上昇しやすく、値動きが大きく狙い目となる。特に前日にストップ高した銘柄が、翌日、前日のストップ高ラインまで戻ってきた際の反発は、エントリーのチャンスだ。また、高値圏で大きな出来高のある銘柄は、株主の入れ替わりが起きている可能性が高い。これは、大口投資家が新たに買いを入れている証拠であり、株価上昇の可能性を示唆している。

　ただし、ストップ高の反発を狙ってエントリーする際は、リスク管理を的確に行う必要がある。株価が反発せずに下落する可能性もあるため、ここでも損切りを厳守しよう。

　デイトレでは、ストップ高の反発を狙ってエントリーすれば、短期間で大きな利益を上げられる。

ストップ高の翌日の寄り付きの値動き
［トリプルアイズ（5026）　1時間足　2024年4月］

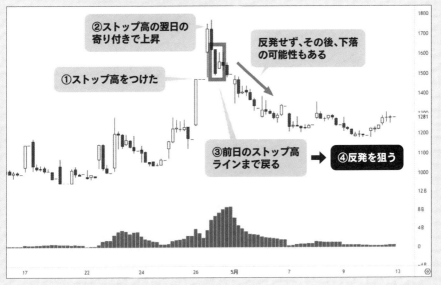

- ②ストップ高の翌日の寄り付きで上昇
- 反発せず、その後、下落の可能性もある
- ①ストップ高をつけた
- ③前日のストップ高ラインまで戻る
- ④反発を狙う

大口が介入してきた銘柄を狙う

大口投資家が買おうとする銘柄は値動きが大きくなる

デイトレで利益を上げるには、値動きの大きい銘柄を選ぶのが有効だ。特に、大口投資家が介入しやすい銘柄は、大きな値動きが期待できる。大口が介入しやすいのは、出来高が多く、増加傾向にある銘柄。なおかつ、発行済み株式数に対し、流動株が多ければさらに条件としてはよくなる。流動株が多いほど、大口が介入しやすいからだ。

大口の介在は、板や歩み値から判断できる。例えば、大口が買いを入れれば、株価が大きく上昇したり、下げ止まったりする。逆に、大口が売りを入れれば、株価が大きく下落したり、上げ止まったりする。

そのため、デイトレでは継続的に同じ銘柄を観察し、出来高の変化や大口の動きをウォッチすることが大切だ。

大口の売買は板も併せて確認する

①大口投資家が介入しやすい銘柄をピックアップ
・出来高が多く、かつ増加している傾向にある
・流動株の割合が多い

↓

特に、1日の出来高が流動株の50%以上ある銘柄は、大口介入のチャンスが大きい

②大口の売買がないか、板を確認する

成行注文		
売り気配	価格	買い気配
63,900	OVER	
900	1,299	
100	1,296	
2,800	1,295	
1,700	1,294	
600	1,292	
200	1,291	
400	1,290	
600	1,285	
100	1,284	
* 500	1,283	
	1,277	* 100
	1,275	200
	1,272	300
	1,269	100
	1,264	300
	1,261	2,000
	1,260	
	1,258	1,000
	1,256	100
	1,255	600
	UNDER	73,400
歩み値表示	チャート	テーブル

アクティビストファンド絡みの銘柄に注目

大量取得のために株価が上昇する傾向がある

銘柄選定のアイデアのひとつとして、アクティビストファンドが絡む銘柄は、大きな値上がりが期待できる。アクティビストファンドとは、企業の経営に積極的に関与し、株主価値の向上を目指すファンドのことだ。彼らが投資先企業の株式を大量に取得すれば、株価が大きく上昇する可能性が高い。また、取得したときに株価が上がるだけでなく、以降も彼らは継続して株価を上げる動きをとることが期待される。

例えば、有沢製作所のように、アクティビストファンド（ストラテジックキャピタル）が入っている銘柄は注目に値する。また、大阪製鉄のように、株主提案がある場合は、アクティビストファンドの動向を注視しておきたい。彼らの動向を観察し、株価の変動を的確に読み取ることが肝要だ。

アクティビストファンドの大量保有の例

大量保有は報告の義務がある。また、保有目的も確認することができる

有沢製作所に提出された大量保有報告書（直近1年）

提出日	報告義務発生日	書類名	大量保有者	保有比率	増減(%)	保有株数	保有目的
2024/5/8	2024/4/30	大量保有報告書	野村アセットマネジメント	3.2%	+3.2%	1,074,300	信託財産の運用として保有している。
2024/5/8	2024/4/30	大量保有報告書	ノムラ インターナショナ…	2.09%	+2.09%	702,982	証券業務に係わる商品在庫として保…
2024/5/8	2024/4/30	大量保有報告書	野村證券	0.31%	+0.31%	105,210	証券業務に係る商品在庫、及び累積…
2024/2/13	2024/2/5	変更報告書	ストラテジックキャピタル	12.58%	+1.0%	4,220,800	純投資及び状況に応じて重要提案行…
2023/10/13	2023/10/5	変更報告書	ストラテジックキャピタル	11.58%	+1.07%	3,885,000	純投資及び状況に応じて重要提案行…
2023/10/4	2023/9/27	変更報告書	ストラテジックキャピタル	10.51%	+1.3%	3,527,500	純投資及び状況に応じて重要提案行…
2023/9/25	2023/9/15	変更報告書	ストラテジックキャピタル	9.21%	+1.04%	3,088,700	純投資及び状況に応じて重要提案行…
2023/6/7	2023/6/1	変更報告書	ストラテジックキャピタル	8.17%	+1.0%	2,740,400	純投資及び状況に応じて重要提案行…
2023/5/29	2023/5/22	変更報告書	ストラテジックキャピタル	7.17%	-0.57%	2,404,900	純投資及び状況に応じて重要提案行…

有沢製作所に提出された大量保有報告書をもっと見る

出所：バフェット・コード　https://www.buffett-code.com/company/5208/mainshareholder

これなら稼げる！

初心者なら株のデイトレでもっとお金を増やしなさい！ 増補改訂版

2024年6月5日　発行

編集	金丸信丈・花塚水結・大廻真衣 （株式会社ループスプロダクション）
カバーデザイン	ili_design
本文デザイン・DTP・図版作成	竹崎真弓（株式会社ループスプロダクション）
制作にご協力いただいた識者・トレーダー	JACK ／ yasuji ／ 川合一啓 ／ 熊谷亮 ／ 藤本誠之 ／ 村田美夏 ／ 矢口新 ／ ようこりん ／ DYM07
再掲載テクニック提供識者・投資家	V_VROOM ／ 伊藤亮太 ／ 叶内文子 ／ 小池麻千子 ／ 立野新治 ／ テスタ ／ 戸松信博 ／ メガヴィン

発行人	佐藤孔建
編集人	梅村俊広
発行・発売	〒160-0008 東京都新宿区四谷三栄町12-4 竹田ビル3F スタンダーズ株式会社 TEL：03-6380-6132
印刷所	中央精版印刷株式会社
e-mail	info@standards.co.jp

https://www.standards.co.jp/

●本書の内容についてのお問い合わせは、上記メールアドレスにて、書名、ページ数とどこの箇所かを明記の上、ご連絡ください。ご質問の内容によってはお答えできないものや返答に時間がかかってしまうものもあります。予めご了承ください。
●お電話での質問、本書の内容を超えるご質問などには一切お答えできませんので、予めご了承ください。
●落丁本、乱丁本など不良品については、小社営業部(TEL:03-6380-6132)までご連絡ください。

【お読みください】

本書は情報の提供を目的としたもので、その手法や知識について勧誘や売買を推奨するものではありません。
本書で掲載している識者・投資家の意見は、掲載テクニックに対してのものです。他の識者・投資家の掲載テクニックに対して意見するものではありません。
株式投資は、元本の補償がない損失が発生するリスクを伴います。本書で解説している内容に関して、出版社、および監修者を含む製作者は、リスクに対して万全を期しておりますが、その情報の正確性及び完全性を保証するものではありません。
実際の投資にはご自身の判断と責任でご判断ください。